監視社会とプライバシー

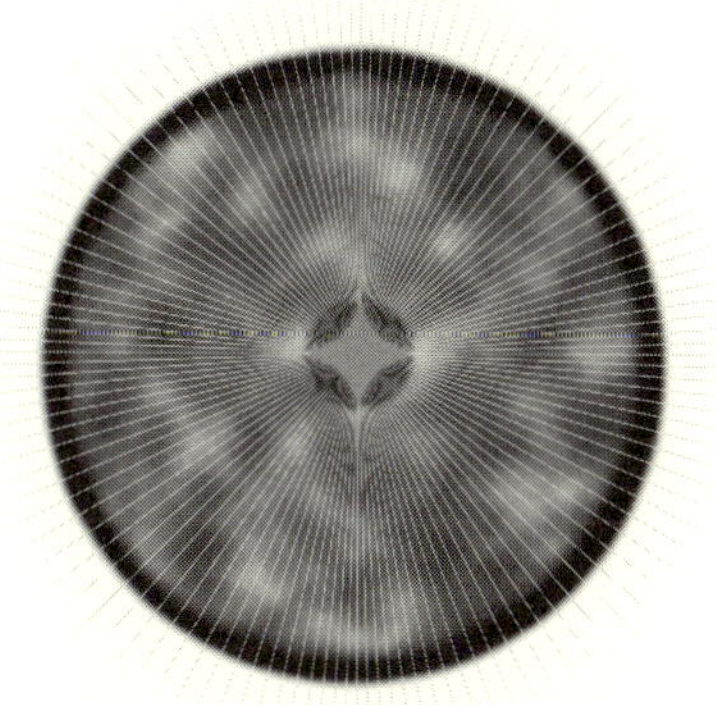

小倉利丸 編

インパクト出版会

監視社会とプライバシー　目次

監視社会批判——まえがき

本書は、2001年5月6日に開催された「ＩＴ社会の深き闇——狙われるのは誰だ？　監視社会とプライバシーを考える集い」での発言をもとに、この集会ではフォローしきれなかったサイバー犯罪条約とエシュロンについての文章を追加して、現在の日本社会が抱えている深刻な「監視社会化」に対する批判的な見取り図を描くことを意図して編集されました。

盗聴法、住民基本台帳法、Ｎシステムなどに反対して運動してきた市民運動グループは、これまでもそれぞれの運動領域で精力的な活動を展開していました。そして、お互いの運動を通じて見いだしてきた問題意識を相互に共有し、さらに関連する領域（ＩＣカード、バイオメトリックス、サイバー犯罪取締りなど）との関わりも視野にいれた相互の運動上の交流が徐々に深まり、上のような集会を持つに至りました。そして、この集会をきっかけに、あらたに上のさまざまな領域で活動する団体、個人のゆるやかな連合組織として「反監視ネットワーク」が結成され現在に至っています。

右の集会を企画した段階では、ＩＴ革命の影に隠れて、人々のプライバシーや自由をかえりみることのない政府や企業が、監視技術を次々と開発、実用化する状況に強い危惧と批判を持っていました。わたしたちは、こうした危惧を現在でも持ち続けていますが、さらにそれに加えて、9月11日の米国で起きた「同時多発テロ」をきっかけに、監視社会の様相は、急速に国家的な危機管理や戦争協力体制との結び付きを深めはじめました。

読者の皆さんは、本書に収められたさまざまな監視技術や監視のための法的行政的なシステムが、テロ撲滅や国家的な危機を口実として、いかに容易に市民的な権利を抑圧するために利用可能であるかを見いだすことができると思います。同時に私たちは、こうした監視技術がテロや戦争を有効に抑止するものではなく、むしろ戦争や軍事的な行動を準備し、異論や少数者を排除して有無を言わせない総動員体制を準備するために利用されてきた歴史を思い起こす必要があるでしょう。

本書が、監視社会へと突き進む日本の現状に大きな危惧をいだくみなさんのお役にたてることを希望しています。（編者）

監視社会とプライバシー

斎藤　貴男

私は、一九五八年の生まれで、早稲田の商学部を出て日本工業新聞の記者、雑誌『プレジデント』の編集者、『週刊文春』の記者を経て、ここ十年ほどは完全にフリーでやっています。今回の監視社会の話は二年前に書きました『プライバシー・クライシス』（文春新書）という本の取材がもとになっているのですが、そのときわたしはまったく関心もなにもなかったのですが、七〇年代に、一度国民総背番号制という話題があってつぶれたということだけは知識としてもっていました。たまたま雑誌の編集者に「やってみないか」といわれて、調べはじめたところが「これはえらいことだな」と感じた。その後、深く関わるようになりました。ですから、これは思想的に偏向しているとかいうことではないということを身をもって知っているつもりでおります。今日は、日ごろの集会よりもはるかに多くの方が集まってくださっているということで感激しているんですが、それほどまでに、今まで関心を持っていなかった方に皮膚感覚としてその怖さが次第に浸透してきているのかなと思っています。いずれにしてもここしばらくが正念場だという気がしています。

監視社会のイメージ

私に与えられているテーマは監視社会のイメージということですが、大雑把なイメージを申し上げたいとおもいます。一昨年の改正住民基本台帳法、盗聴法、国旗国歌法、日米ガイドライン法などの流れを知った上で、個々の細かい技術を調べていきますと、近い将来このままでいくとこの国は市民一人一人にとって恐ろしい社会になっていくのではないかと感じています。そのイメージは、いわば戦前の治安維持法下の相互監視社会が、ハイテク化されて運用されるイメージ、システム化された封建社会。会社の中の生活、以前ですと朝行ったらタイムカードを押して出勤を管理されていたが、最近は大きいところに行くとICカードで、何時に出社し、どこの部屋に入って、何時に出たということまで管理されているわけです。会社の中で自民党政権をおおっぴらに批判するとか、特定の政治的な発言をすることはなかなかできない、そうした非常に制約された社会であるわけですが、これが会社の中だけでなく、社会全体に広がるイメージとして考えたらいいのではないかと思います。その場合、会社の中と一緒ですが、言論や思想の自由は限りなく制限されるでしょうし、階層の移動もきわめて少なくなる。大金持ちの上流階級に生まれた子は死ぬまで上流だし、そうでなく下のほうに生まれた子は死ぬまで下だし、上とか下ということ自体がおかしいわけですが、上下抜きにしても、生まれたところにずっととどまるしかない世の中、自由にこういう仕事につきたい、こういう学校に行きたいということを考えてもきわめて制約される社会になるのではないか。そういうところにICカード、盗聴法をめぐるハイテク技術、遺伝子操作が加わっていきますので、およそ人間の自由や尊厳は限りなく冒されていく。

小説でいうとジョージ・オーウェルの『1984年』（早川文庫、一九七二年）をはじめとするディストピア小説、ロシア革命直後の、ソ連の作家、ザミャーチンの『われら』（岩波文庫、一九九二年）、オルダス・ハックスリー『すばらしい新世界』（講談社文庫、一九七四年）、最近の日本では篠田節子の『斎藤家の核弾頭』（朝日新聞社、一九九七年）が描いた世界に近いと思います。いずれも国民総背番号制度があって、登場人物の思想や行動が完全に監視されてる。さからったり疑問を持った人はつかまり脳みその改造手術をされたりするんですね。ハックスリーの小説になると、生まれるときから、体外で人工的に試験管ベービーみたいな子が生まれ、そのときにあらかじめ、知的階層に生まれる子はそのように操作して生まれる、最初から労働者階級に生まれるべき子は酸素の供給量を減らして脳の発達を人工的に遅らせるなどという話題が書かれています。一昨年公開された『エネミー・オブ・アメリカ』という映画では、極秘事項を握った弁護士が衛星まで使って徹底的に追いかけられる。これも決して夢物語ではない。僕らにとっては悪夢ですが、権力を持っている人にとってはそれこそすばらしい、何もかも自分たちの思い通りにできるという世界が現れてしまうのではないかと思います。

さて、個人情報保護法という法律が国会に出されていまして、これがそのとおりになると、われわれのようなフリーのジャーナリストや雑誌の取材活動がいちじるしく制約される。たとえば私が小泉首相のスキャンダルを追っかけたとする。首相側から載せるなといわれて、「嫌だ」といって載せたら逮捕されるという法律がかなりの確率でとおりかねない情勢になっている。放置しておくと戦前よりもひどい状態になるかもしれない、それらをすべてハイテクで管理されることになる、そのことだけ理解してほしいと思います。

管理のカギは国民総背番号制

かぎは住民基本台帳ネットワーク、国民総背番号です。すべての管理の中核はここになる。というのは、一昨年成立した改正住民基本台帳法は、来年の八月から施行予定ですが、われわれ日本に住む人間は、誰もが一一桁の住民票コードを振られる。私は斎藤貴男という男ではなくて、お国がつけた何番か知りませんが、そういう番号が第一のアイデンティティになってしまう。親からもらった名前でなくて、お上から与えられた番号になる。名前は、ニックネームとしての名前となってしまい、仲間内だけでしか通用しないんでしょうね。それと住所、生年月日、性別、そうした基本四情報プラス戸籍情報、健康保険の種類、国民健康保険か社会保険か、これがわかるとある程度職業がわかる。自営業だと国民健保、会社員だと社会保険だとか。そうしたセンシティブな市町村に登録してある住民情報が全国の市町村および都道府県をコンピュータのネットワークを流れる。国側の宣伝によれば、自分が住んでいるところ以外でも住民票が取れるとかいうわけですが、限られた小さなメリットの一方で、個人情報が市町村以外の都道府県や国、民間企業に把握されるということです。『日本経済新聞』（四月二六日）によれば、国は国民に行政ＩＣカードを配って、そこにあらゆる行政データを載せるんだという報道があった。改正住民基本台帳法で、希望者にＩＣカードを配布して住民基本台帳ネットワークを効率的に運営をはかろうというところまではきめられてしまいましたが、ＩＣカードはあくまでも住民基本台帳の用途に限られるというはなしでした。それがいつのまにか拡大されていて、新聞報道では、ＩＣカードには、氏名、住所、性別以外に役所から出される印鑑登録、納税証明などさまざまな証明や健康保険や介護保険、パスポートなどの公的サービス、民間の電車やバスのカード、自動改札を通るときに使うやつですね、それにも使うし、高速道路ではじまったＥＴＣとよばれるノンストップ自動料金収受システム、大学などの学生証、公立図書館の利用にもカードを使うんだということになっています。一枚のカードでさまざまなサービスが受けられるという利便性の一方で、その人間が何をしたのかという行動記録がことごとく政府に蓄積されることになっている。

以前私が取材したときには、物理的には一枚にはするけれども、それぞれの中身はお互いには見られないようにする、何十枚のカードが束になっていると考えてほしい、それをセキュリティ技術で何とかするんだという政府の説明だったのですが、この新聞の記事では、そうした歯止めも考えられていないようです。

先端技術を駆使した監視と管理

そうなったときに、僕らの行動は、すべてお国とやらに筒抜けになる。筒抜けになっても困らないじゃないかという理屈が最近よく出ますが、そう簡単なものであるはずがない。国民のあらゆる行動、属性、どこに勤めているか、年収がいくらか、どこの銀行に預金があるかもわかるので国勢調査をやるという話もある。国勢調査は五年に一度ありますが、これには問題があり、地域の有力者に用紙を配ってその人が住民を回って、学歴や収入まで聞いていく、それが問題だったのでいろんな反対運動があったのですが、反対運動がなくても実際やりにくくなってきた。素直に出す人は少なくなってきたし、そんなことでお上の手先になる有力者もかなり減った。政府がやりにくいということでＩＣカードで一人一人の行動がわかれば、それをまとめて国勢調査に使おうという流れが出てき、これをレジスター政府というのですが、つまりはＩＣカード、住民基本台帳法、国民総背番号と呼ばれるものですね。

ＩＣカードがなければ何もできない社会になり、ＩＣカードで何かをすれば一枚だから便利だけれども、一人一人がなにをしたかが政府や自治体にすべて筒抜けになる社会。筒抜けになったあとにそれがどう使われるかがわからない社会。

盗聴法があります。これも同じ頃に成立しましたが、電話、ファックス、電子メール、インターネット、なにもかも、誰が何を使いどこに電話をかけ誰と何をしゃべったか、すべて警察に把握されるということです。たとえば、私のうちの電話であれば、私だけでなく家内も子供も客も使う可能性がありますが、しゃべった声、声紋で特定できる技術もかなり確立されています。これを政府側が握れば、誰が誰にしゃべったかがわかる。それを警察が犯罪に関わると決めれば内容を聞いていいということになる。

バイオメトリックスといいます。誰であるかを識別するために、人間の生体そのものを使う。声紋、指紋、アイリス（虹彩）、網膜、筆跡、筆圧などの他にも、書くときに空中でどのような動きをするか、そのスピードをコンピュータで解析すると、同じ手の動きをする人は二人といないので、誰だか特定できる。こういう技術はほとんど完璧にできていて、民間企業の入退出管理、大きな会社の企業秘密が集まった研究所では指紋を登録した部長以上でないと入れないといったことが行なわれている。その他に手のひらや耳たぶも個人を特定するための認証システムができている。

国民総背番号でＩＣカードを配るという場合、それだけでは危ないという考え方があります。ＩＣカードにあらゆる個人情報、個人の一挙手一投足の行動記録が残されるので、落として悪用されたりすると大変なことになるということで、ＩＣカードとバイオメトリックスを連動させるという流れができました。ＩＣカードに指紋を登録しておく、そうすると仮に落としても誰か違う人が使おうとしても指紋が違うので使えない。これはすでに九八年度から通産省の予算で実証実験が始まっています。

顔認識技術。一枚の顔写真データベースと監視カメラとを連動させて、監視カメラの前を通った人が誰かをたちどころに割り出すという技術です。オムロンや松下電気などがすでに技術開発している。民間の商店や小売店に売っているという。たとえば呉服屋さんが入り口に監視カメラを置いておく。お得意さんの顔写真データベースをそのバックアップシステムに入力しておく。店にお得意さんが入ってきただけで、呉服屋の奥の控え室のパソコンに誰が来たかが伝わります。

名前だけでなく、今までの買い物の履歴、月に一度しかこないが着物を十万円買ってくれるとか、どのような家族構成か、勧め方いかんでは子供の着物も買ってくれるなどの情報がディスプレイされます。今まではベテランのおかみさんでなければお得意さんに対応できなかったわけですが、昨日今日入ったアルバイトでも対応できるという。これは商店の人には便利だが、考えようによってはいくらでも監視のシステムになりますよね。すでに警察庁ではこれを街中に置いていく方針をもっており、それが法的に抵触するかどうか法務省や法制局と調整中です。また街中に監視カメラを置いて、顔写真データベースを照合させればどういう人間がどの町のどのあたりを何時に歩いたかが警察の知るところとなる。指名手配の人間はすぐわかるかもしれないが、何の犯罪と関係ない人間の行動もわかられてしまう。これは構想だけでなく、すでに現実のものにもなっている。Nシステムがそれです。

Nシステムは、全国七〇〇箇所の幹線道路や高速道路に監視カメラが設置されて、ナンバープレート、運転手、助手席の顔がコンピュータ処理されて蓄積されているというものですが、ここに顔認識技術が導入されればどのナンバーの車に誰が何時何分にどの道を通ったかがすべて把握される。これも時間の問題でしょう。

新宿の歌舞伎町に五〇台の監視カメラを置いて二四時間監視することになりました。これも地元の要請だということですが、単に路上の喧嘩や犯罪を監視するだけでなく顔認識技術が入ってくる可能性も非常に大きい。

コンビニの防犯カメラは店が勝手に置いているわけですが、これを警察が置くという例が登場してきています。愛知県警が今年度の予算で、名古屋のコンビニに警察予算で監視カメラを置くことになりました。監視カメラでとられた映像は所轄の警察に流れる。コンビニの店員さんがレジの下のボタンを押すと自動的に流れる仕組みです。カメラは店の中と外に向いていて、店の中で犯罪が行なわれればそれも行くわけですが、それだけでなく、誰がお客さんで来たか、店の外にどのような車が通ったか、駐車場に止まった車のナンバーといっしょに記録されるという仕組みです。

これも犯罪対策といわれているが、どのように使われるかわからない。これを愛知県の県議会に諮ったときの資料を見せてもらいましたが、そこに顔認識技術という言葉が載っていました。そのまま予算化されるかどうかは未定ということですが、予算化されれば、そこのコンビニにいつ誰が来たかまでを警察は知ることができることになります。

監視カメラは今あらゆるところに置かれています。ホテル、会社、駅はもちろんのこと職場の中でもあたりまえにある。来客を監視するだけでなく働いている人を監視する。そして映像が社長室にいく仕組み。これが知られているだけでもかなりある。設置している業者に聞いたところ、労働組合はあまり反対しないんだそうです。監視カメラを置かないと、たとえば、レジで金をごまかしている人とそうでない人が区別できない、監視してもらった方が公平になるという声が職場では大きくなっているということを聞きました。

蓄積される情報

国民総背番号制があり、盗聴法があり、監視カメラがありＮシステムがあり、指紋などのバイオメトリックスがあり、そういうさまざまなハイテクな監視技術が実用化レベルまで開発されてきて、いつどのようなタイミングで使っていくかというのがそれぞれの企業や役所にゆだねられている。

知れば知るほど恐ろしいことがいっぱい出てくるわけでして、それは一見、歌舞伎町の監視カメラの場合のようにいいことのような話で出てくるんですね。危険なところに監視カメラが置いてあって、なにかあれば警察がやってくる、いいことじゃないかと、こういうところから入ってくるわけですが、またそういうことが皆無だとは言いませんが、もっと恐ろしい目的に使われることの方が多いのではないかと思います。

たとえば、Ｎシステムだけでなく、車の移動はそれ以外の手段でも監視されている。ＥＴＣ、高速道路の料金所をノンストップで通る仕組みですね。車の側に車載機というのをつけて、ここに自分のクレジットカード機能を持ったＩＣカードを差し込んでおく。料金所を通過するときに無線電波でのやり取りがあって、自動的にその人の銀行口座に課金されるというシステムです。実際に現金の受け渡しはなく、高速道路ですが、時速五〇キロくらいに落とさなきゃいけないらしいですが、それだけでお金を払ったことになる。これは裏を返せば、その人が何日の何時何分にその高速道路の料金所をとおったかを記録しながら走ることになるわけですね。

このETCは、ITSとよばれるナショナルプロジェクトの一環です。インテリジェント・トランスポート・システム――高度道路情報システムというものですが、道路と自動車の間で情報を交換しながら効率的な運行に役立てるということで、建設省、運輸省を中心に政府が一丸となって推進しているものです。

ETCをはじめ、ITSの計画の中には、いくつも恐ろしいものがあります。たとえば、ナンバープレートにICチップを埋め込む。車のナンバープレートを知り、そこから陸運局の情報にアクセスすると車の所有者、車両の用途、身障者用のしくみがついていればそんな情報がわかる。ナンバープレートはおおっぴらな情報ですが、これにチップを埋め込んでそれを警察の交通課がそのまま読み取る仕組みが考えられている。具体的には、ICチップを埋め込んだナンバーを搭載した車が町を走る。道路のそこここにアンテナが設置されていて、ICチップの情報を読み取る。これがかなり進んでおり、おそらくここ四、五年で実用化されるであろう。そうなるとどこの車がどこを通ったがわかってしまうのですが、推進している国土交通省、総務省に取材をすると、アンテナを道路の三〇メートルおきに設置するという構想がすすんでいるそうです。

三〇メートルくらいの狭さになると、あらゆる車は常に道路と交信しながら走る状態になる。そうなると車の動きが点ではなく線で把握されることになる。損害保険業界では、それによって保険料率を変えていく。しょっちゅう危ないところに行くドライバーや常にスピードを出し過ぎのドライバーには保険料率を高くできる。中古車業界では、この装置で走行距離を客観的に把握でき、走行メータをごまかしても通用しない。そういうニーズからもナンバープレートにICチップを埋め込みそれを読み取る技術がすすめられているのです。

マーケティングに利用される個人情報

監視社会というと国家権力が国民を監視するというイメージだけで受け取られがちですが、いま進んでいるのはちょっと違う。オーウェルの『１９８４年』の例をだしましたが、そういう旧ソ連にハイテクが加わったというイメージだけでなく、それにアメリカの資本主義がその監視を助長するというイメージで受け取ってもらったほうがいい。

国民総背番号でも、国が国民を監視するだけでなく、そこで得られた国民個々の行動記録が民間企業のマーケティングに使われていく可能性が大きい。クレジットカードで物を買うと、買い物履歴はマーケティングに使われてしまっている。そのクレジットカードでしょっちゅうブランド品を買うような人のところにはブランドのバックや服のDMが行ったり、よくルフトハンザの飛行機を使う人のところには同じドイツのVMWの車のダイレクトメールがいく。そういうところですでに利用されているが、これがよりシステマティックになっていく。

鉄道の定期券がICカードになり国民総背番号と連動すると、どの人間が毎朝どの駅からどういう経路でどの駅で降りるかということがデータに蓄積される。そうするとこのデータを使って住宅販売のマーケティングができる。たとえば、私の場合、西荻から都心方面にくる。住宅販売会社は、この人物は賃貸物件に住んでいるらしいからということで、住宅を購入するのであればもう少し安いところの物件、たとえば国分寺とか立川の物件をDMで送ってくる。いまではアングラな名簿業者の世界になるわけですが、これをくみあげてやっていく可能性がたかい。

改正住民基本台帳法ではこうした民間での使用を禁じているはずなのですが、ICカードのうごきなどをみていると決してそうではない。せっかく蓄積された個人情報なんだから、国の国民管理にも民間の商売にも使ってくれ、という流れがはっきり作られていることがわかります。

そういう監視といいながらビジネスの支援ツールとするというのが今回の監視社会の特徴なんですね。七〇年代に言われた国民総背番号制や『1984年』的な小説の世界と少し違うところです。

このことが敵を見にくくする部分でもあり、『1984年』でいったら、全知全能の独裁者、ビッグブラザーというのが出てきてその権力者が民衆を支配するという構図だったわけですが、今は完全な独裁者はいない、僕ら自身もたいていはどこかの会社に勤めている、その勤めている会社は個人データベースを使ったビジネスをしている。いつだったか、『1984年』の「ビッグブラザー」を「ビッグマザー」と言い間違えた方がいらしたのですが、言い得て妙でした。社会全体が一つの海みたいになっていて、その中で僕らは取り込まれながらその中を泳ぐ以外に生きていくすべがない。どこかの島にたどり着いて自由に生きることは許されなくて、つねにビッグマザーの海のなかでからめとられながら生きていくしかない、そんなイメージが、本当にやってきています。

「ひまわりシステム」に見る住民管理

それはハイテな部分だけでなくさまざまなやり方で進められています。『月刊現代』（二〇〇〇年五月号）の「国民を監視する総務省という名の『内務省』」に詳しく書いたのですが、郵便局が福祉のお手伝いをする仕組みが地方でできてきました。「ひまわりシステム」というのですが、最初に始めたのは鳥取県の智頭《ちず》町というところでした。ここは過疎の町でお年よりの一人暮らしがものすごく多いんです。従来は社会福祉事務所や町役場の福祉担当が訪ねていたのですが、コストがかさむというので、郵便屋さんにそれをお願いしたわけです。郵便屋さんは毎日手紙を配って一人一人の家を回るのでついでに年寄りに声をかけてもらえば便利じゃないかということですね。

これだけ聞くとちょっといい話になるわけですが、これを郵便屋さんの好意でやるのなら大歓迎でも結構ですが、これをシステマティックにやるとどういうことになるか。

町役場と郵便局が最初にはじめたのですが、ここに社会福祉協議会、消防署、警察が参加してきた。どうして警察なのかというと、実は年寄りなら誰に対してもやっているわけではなく、お年寄りが希望しないとやらない仕組みになっています。希望したお年寄りには、町役場からひまわりシステムに参加している人だということがわかるひまわりの絵の描かれた郵便受けが配られる。この郵便受けをお年寄りは自分の家の前にかけておいて、郵便屋さんに今日はちょっと頼みたいことがあると黄色い旗を掲げておけばよい。

郵便屋さんは、この旗を見て、今日は用事があるということで訪ねることになっている。これをやるということは、そのうちは一人暮らしの年寄りなんだよということをおおっぴらにしていることになり、よその町から突然やってきて、まちをうろうろするとここは一人暮らしの年寄りの家だとすぐわかってしまうので、簡単に泥棒できてしまう。だから警察にも知っておいてもらわなければ、ということで、警察が絡むということになったというのです。本気で泥棒してほしくないのであれば、そのやりかた自体が問題だと思うのですが、建前ではそういう形で警察が絡むことになった。


こうして社会福祉協議会、消防、郵便局、町役場、警察がひとつのグループを形成し、郵便局の人によると町ぐるみでお年寄りを手助けするしくみができたというんです。ここまでだったら、まだゆるやかともいえるけれど、現代のハイテク社会、効率第一の社会ではこれで許してくれないんですね。

コンピュータシステムで情報を共有しようということになった。「電子ひまわり」というのですが、郵便屋さんが今日はどのうちをまわったかとか、農協で米を買ってあげたとか、手すりを治してあげたとか、病院に薬を取りに行ってあげたとかの情報をコンピュータに情報を入力し、情報を共有する仕組みをつくりはじめています。これが福祉なのかなと疑問です。なぜ警察がそこまで知る必要があるのか。

別の資料によると、警察が中心の組織ができていることが書かれている。警察、消防、社会福祉協議会、町役場、郵便局のほかに、防犯協会、町の中にある生活関連の仕事、新聞配達、牛乳配達、灯油、お米屋さん、そういったものがすべて組織されています。田舎ですから、お寺、これも地域の有力者であることが多いそうですが、その中心が警察なんですね。

こうなると福祉というよりも、戦前の部落会や隣組のイメージです。その書類には、なぜ警察がそういうことを組織するかというと、対象となる世帯の把握と情報収集という文言が書いてある。警察だからそういう言葉しかしらないのか、あるいは福祉に名を借りていわゆる公安活動をしているのか、非常に微妙だ。

郵便局と町役場がこういう形で協力することになったのは、省庁再編で総務省ができたことと関わりがあります。この経緯は最初に自治省と総務庁が統合され、郵政省は解体されることになっていたが、政治的な判断で郵政省が残ることになり、一府一二省庁という数字目標があったために行き場がなくなって、総務省にくっつけた、地方自治の役所と郵便、電気通信の役所は本来あまり関係ないはずだが、一緒になるのだから、旧総務庁と郵政省でどういう協力ができるか協議を始め、郵便局で自治体の仕事を代行させるということになっていったわけです。同じ文脈で郵便局で住民票や戸籍が取れるという法案がいま提出されているわけです。

こうなってくると、総務省というのは旧自治省が大きくなったとか、総務庁の総合調整機能のほかに電気通信の監督権、全国三〇万人いる郵便屋さんを政策目的に合わせて使う能力も持ってしまったことになる。

郵便局の民営化がいいかどうかは保留しますが、たとえ民営化されたとしても、監督官庁であることには変わりがないのでそういう力をもった役所になったということです。同じ省庁再編で内閣府ができ、そのサポート機関として総務省ができ、いままで各省庁が縦割りであったものを一つにまとめる強いリーダシップを持ってしまったわけです。これを効率化と呼ぶのか、権力が強化されて個人情報を把握する能力をもってしまったと受け止めるのかは考え方次第だが、私は旧内務省の復活、強権の復活をここに見ます。

別の取材で東京都の元知事の鈴木俊一さんにお会いしましたが、彼はこれを旧内務省の復活だと手放しで喜んでいました。もともと内務省が解体されたときは、当時の人たちは近い将来の内務省復活を夢見て、解体の一ヶ月前に三五人の新卒の学生を入省させたりしています。そんな経緯もありますので、一世代経て内務省が復活したと考えるのは決しておかしくないのです。

マスコミを規制する個人情報保護法

監視社会になって恐ろしいことがいろいろおきてもマスコミは手も足も出ないのではないかと最初に述べましたが、それはこういうことです。改正住民基本台帳法が成立する過程で、公明党は態度を決めかねていた。いまでこそ政府与党の言いなりですが、一応大衆の味方が建前の政党だった。ですから国民総背番号賛成とはいえなかった。僕も衆議院で参考人で呼ばれたりしましたが、公明党もいい質問をくれたり、最初はわりと立派だったのですよ。

しかし、自自公の中で与党に入りたいあまり、やっぱり賛成した。そのときにひとつの条件を出した。それが個人情報保護法の制定でした。住民基本台帳法が改正されてＩＣカードが配られても国民総背番号制にはしない、民間に垂れ流したりはしないということを言いたいために、その前提として個人情報保護法を作ってそれでもってその法律を縛るからいいのだという言い方を公明党がして、それが自自公の中で受け入れられて、個人情報保護法を作るから住民基本台帳法の改正をさせてよ、ということになった。この個人情報保護法の法案がまとまって今国会に提出されているわけです。

ところが、最初の目的とまったく違ったものになった。最初は政府を規制する法律になるはずだったのが、肝心な政府は対象外となり、マスコミが対象となった。一応新聞社、テレビ局およびその他の報道機関は適用対象外とするということではあるんですが、これはあくまで機関としての新聞社、テレビ局で、新聞記者個人個人やテレビ局の報道マンひとりひとりはその対象にはなりません。その他の報道機関というのも何をさすのか不明です。雑誌は入らないと思われる。私たちのようなフリーは一切無関係ですね。

もともとの個人情報の建前は、個人情報を勝手に商売に使ってはいけないということなので、個人情報取り扱い業者がだれかの個人情報を入手し、その情報を使う場合には本人の了解、本人のコントロールが必要だというのでこの法律になっているのですが、これをフリージャナリストの取材にも当てはめる結果、たとえば、私が小泉首相のスキャンダルを追っかけてそれなりの情報を入手してどこかに書いたとします。この記事の掲載は小泉さん本人の了解を得ていないので、法案によれば、主務大臣の命令を下すことができるということになる。六ヶ月以内三〇万円以下の罰金なのだそうです。

　ですから政治家のスキャンダルを書いたら罪人になるということになる。新聞社やテレビ局の食いつきが悪いのですが、あくまでも報道機関が適用除外なのですから、社命で部長やデスクから言われた仕事ならいいが、実際の取材の現場はそういうものではない。現場の記者がちょっとした情報をつかんだ。だけど今の段階で上に報告するとあちこちから圧力が掛かってつぶされるだろう、ということがよくあるわけですね。

　そこで個人的に情報を水面下で集めてから、これだったら誰にも文句をつけられないという段階で上に報告する。普通こうして取材しますが、この過程で、上に報告して了解して報道する前に、政治家などから言われて、どこから情報源を得たかを言えといわれて、嫌だということになると逮捕される。あくまでもこの場合は報道機関のしごとではなく記者個人の仕事ですからね。

　要するに権力を持っている人のやることはすべてフリーパスにしてしまえという、子供みたいな話ですよ。ですから、雑誌も、新聞もテレビもお上に一切逆らえない、政治家も、財界人も官僚もやりたい放題だ。その一方で、なんでもない僕らは、何もかも把握されてしまう。さっきの監視カメラで言えば、こういう集会すらできなくなってしまいかねない。

　入り口に監視カメラを置いておいたら、たいていの方は免許証を持っていますから、顔写真は警察にあるので集会にどういう人が着たかがわかってしまう。デモによく公安警察がついてきますが、あんな必要はなくなる。来なくても監視カメラがすべて割り出してくれる。その人物がだれかがわかれば、その人物は番号になっていますから、警察の方でその人間がどういう人物かすべてわかってしまう。どこに勤め、どのような仕事をし、どういう家族で、どこの出身で、年収いくらで、ということがすべてわかる。毎日どういう通勤経路で、どこを歩いていて、昨日は何を買い物したかすべてわかってしまう。所轄のおまわりさんがこの人物の行為を気に食わなければ、その人の会社にでも電話をして「お宅の会社の課長はアカですよ」とでも電話をすれば、その次のリストラでどうなるのかなと、こういう話が冗談ではなくあたりまえのようになってくる危険性があるということです。

横浜事件は過去のことではない

この手の話をすると、たいていは、大げさだとか偏向しているとか、おまえこそアカだろうとかいわれますが、この国では往々にしてこういうことだらけです。戦前、横浜事件という治安維持法下の最悪の事件がありました。横浜事件といっても暴動でもあったわけじゃなくて、当時『中央公論』や『改造』という雑誌が軍に都合の悪い記事を載せていたので、警察はその執筆者や編集者を捕まえたくて仕方がなかった。いろんな話をでっちあげて、たまたまその人たちが旅行に行ったときの記念写真か何かを持ってきて、それを政府転覆を謀議したときの秘密集会だということにし、拷問をして、何人かを殺しました。

当然これはでっち上げだったので、戦後問題になるのですが、その関係者たちはずっと再審請求を続けています。しかし、八〇年代から二度にわたる再審請求がともに却下され、一九九八年に三度目の請求があるのですが、これもそのままにされている。こういう状況が続いている中で、僕が今まで話してきたことが、決して偏向であるとか心配しすぎだとか、自意識過剰だとかということでないということがわかっていただけるのではないかと思います。

アジアの諸国に対して侵略を認めないということだけでなく、自分の国の人に対しても、獄中死させた人に対しても悪かったとは絶対言わない。旧内務省の人は総務省ができて旧内務省の復活だといってよろこんでいる、僕は個人的に鈴木元都知事と仲がよくて話してもらったのではなく、『文藝春秋』の取材で、書く前提で話してもらっているわけです。それでも堂々と言える雰囲気になっている。横浜事件の再審にしても、二度とそういうことをする気がないなら再審を認めればいいものをそうではないということは、いつでも同じことを繰り返してやるぞと言っているようにしか私には思えない。

今の社会は、監視するための技術が完全にできあがっています。権力を持っている人が限りなく傲慢になっている。小泉政権になって改革ということが前面に出てきている。改革が何を意味するのかよくわからない中で、ムード的に、森さんは嫌だったから小泉さんかっこいい、という非常に情緒的な反応でもってえらく高い支持率を得ているけれども、その正体というのは、はたしてどうなのか。実は単にアメリカ的な貧富の差の著しい社会になっていくだけではないか、そのときに監視体制がどういう役を果たすのかをみんなでもっともっと考えていかなければならない。

その場合、僕らは民主主義社会に育っていますので、どうしても考え方が甘いんですよね。こういう話をしても「そんなことにはなんないよ、斎藤さん」という人が多いんだけど、つい五〇年前までは軍に逆らう人は殺されていたんですよ。そういう人間はそう簡単に変わるものではない、そういう点をふまえながらほかの方々の話を聞いていただきたいと思います。

歯止めのきかない盗聴捜査

小倉　利丸

盗聴法が施行されて以降の状況のなかで、明らかになってきた問題点、今後の運動の課題について、若干、私なりの意見を述べさせていただきたいと思います。

盗聴法の実際の実施状況に関して、法務省は、二〇〇〇年の一二月の末までについてのところに関しては、盗聴捜査の令状請求はゼロ、したがって盗聴捜査はやっていない、という報告を出し、その後二〇〇一年の上半期も令状請求はゼロであるとの報道がありました（時事通信、二〇〇一年八月一四日配信記事）。これは、盗聴法廃止運動をはじめとして、警察の盗聴捜査にたいする監視運動がそれなりの効果をもった結果だといえる一方で、捜査当局からは、もっと令状請求の要件を緩めて実際に使える盗聴法に改めるべきだとの要求も出てきているようです。

公式見解で盗聴捜査が実施されていないから実際に盗聴捜査が行われていないと早とちりをしてしまいがちなんですが、実際のところはわかりません。わからないというのは、いわゆる違法な盗聴捜査が行われているんじゃないか、という問題があるからです。

違法な盗聴捜査が可能かどうかは、盗聴に関して捜査当局がどのような技術を利用することが可能か、また逆にどのような技術的な歯止めが用意されているかで決まります。言い換えれば、捜査当局にとっては最も効率的な盗聴の条件があったとしてもそれが法によって認められない場合、捜査当局は彼らの立場から見て「有効な」手段を放棄するかどうかは、違法を承知でリスクを犯して得られる効果と反作用との比較衡量で決まると言えますが、そもそも技術的に違法な盗聴が阻止されている場合は、比較衡量以前に、違法行為は不可能となります。

国会での議論の最中から法務省などが例示していることですが、薬物の取引のための船の手配であるとか、車の手配などの行為については盗聴の捜査ができるというのが警察・捜査機関側の言い分です。この場合、もし、裁判所が令状を発付すれば、船会社であるとか、レンタカーの会社であるとかの顧客サービス用の電話を盗聴することが可能でしょう。捜査当局はこうした電話への盗聴捜査については表向きは消極的な態度をとっています。暴力団の組事務所の電話を特定して、それを盗聴するといったケースを念頭に置いているようなニュアンスの説明をするわけです。しかし、盗聴捜査が合法化されているなかで、組事務所から薬物の取引とわかるような電話をするだろうか。むしろ、効率的に網を張るとすれば、レンタカーや船会社などの電話を監視する方が確実なケースも様々考えられるわけです。令状さえ出されれば（日本の裁判所は、九九・九パーセント令状請求を認めています）、これは合法化されてしまいます。このような場合が認められるとすると、船会社の顧客用の電話というのは、まったく無関係ないろいろな人が、いろいろな目的で船を借りたり、車を借りたりするために電話をかけてくるわけですから、盗聴捜査によって犯罪と全く無関係な人も確実に盗聴されることになります。

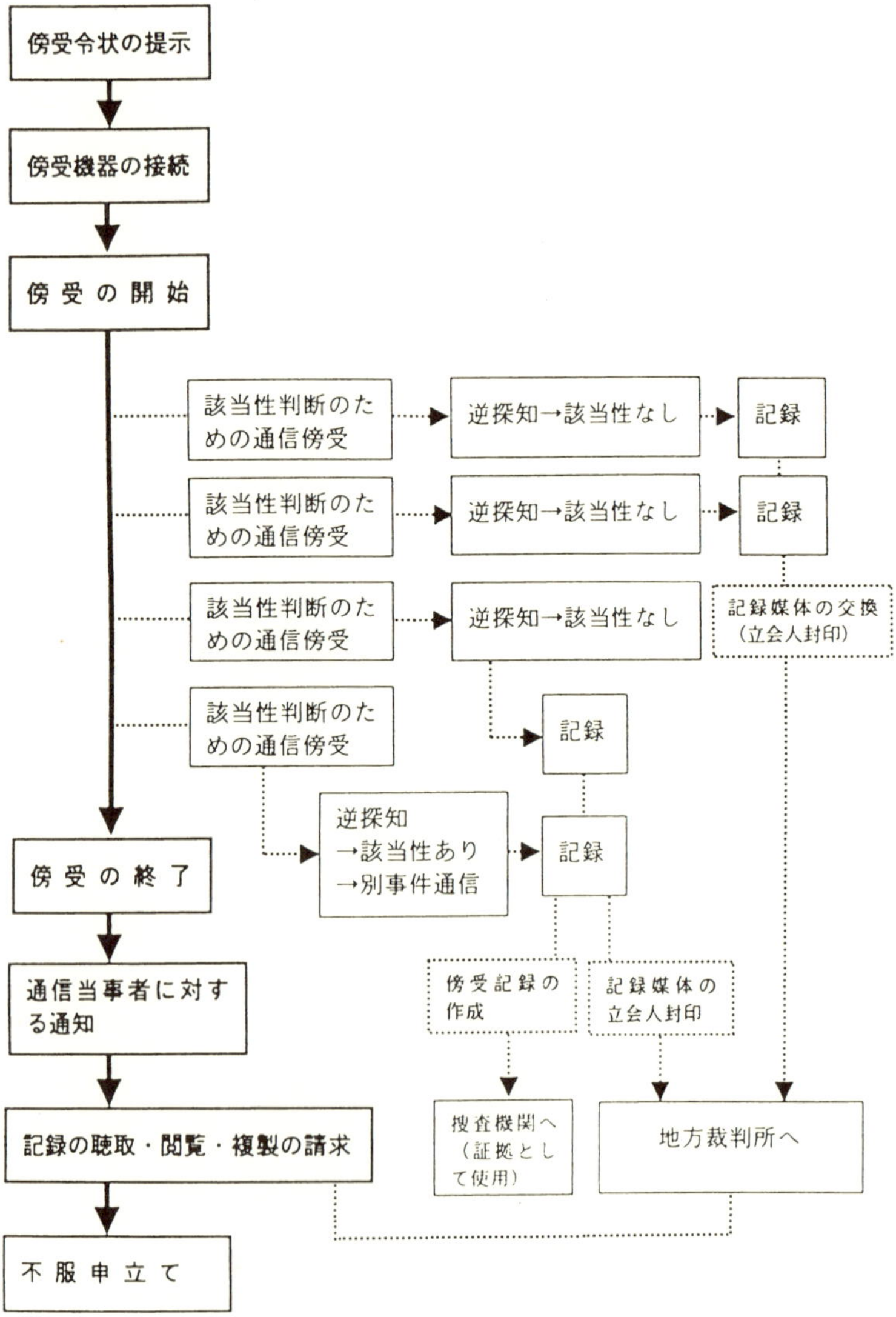

図1　通信傍受の手続き
（参議院法務委員会、調査室資料より）

もう一つは、逆探知に関する問題です。図1のチャート図は参議院の法務委員会の調査室が作成したものです。このチャート図によれば、盗聴捜査を開始して、かかってきた電話が令状にある犯罪関連の通信かどうかを確認します。これを「該当性判断のための通信傍受」というわけですが、この該当性の判断に際してかならず逆探知を行って、該当性の有無を確認するということになっています。つまり、会話の内容だけでなく、通話の相手の電話番号を調べ、相手がだれであるかを確認することがここでかならず行われるということになっています。問題は、該当性判断のための通信傍受にかならず逆探知が伴うということは、すべての通話者の身元が確認されるということを意味しているということ、身元確認が即時にできなければ、たぶん通信は盗聴され、記録される可能性が高いだろうということでもあります。

斎藤さんの話にもありましたけど、電話番号はすぐＮＴＴなどでわかるわけですが、しゃべっている会話それ自体が一見すると犯罪に関係ないように見えるけれども、実際に関係ないかどうかは、しゃべっているのは実際には誰なのかを確かめないと判断できないでしょう。薬物の取引の時に、ヤクを何キロ売るなどという話を直接するわけではないでしょうから、何かそれにかわる何らかの暗号なり符丁を使うだろう。そうすると何かの符丁なのかどうか、犯罪関連の通信かどうかを確認できるまでは、さしあたりあやしそうな会話は全て記録され、裏付けがとられることになるでしょう。レジャーのために船を一艘借りたいと電話をかけてきた相手が本当にレジャーのためかどうか、その人物が実際どういう人物なのか、犯罪の前歴があるかどうか、犯罪組織との関わりがあるかどうかなどをすべて調べた上で、これは白だと、いうことがはっきりわかるまでは、記録された通信はたぶん消されないでしょうし、たとえ公式には消されたとしても、手書きのメモその他の非公式な方法で会話などが記録されるかもしれない。いったん盗聴捜査が認られ、公然と通信回線に捜査当局がアクセスできるようになるとこうした事態が起きる可能性を否定できないわけです。

さらに、盗聴法の制定過程でも何度も議論され問題になった点として、通信事業者の設備にアクセスする方法いかんでは、違法な盗聴捜査に歯止めがかからないということがあるのです。月刊『現代』二〇〇一年五月号に、「警察庁がひた隠すマル秘指南書を暴露する」（津田哲也）と題するルポが掲載されています。そのなかで『けん銃事犯捜査ハンドブック』という警察庁生活安全局銃器対策課による文書が紹介されています。このハンドブックには第二章に「電話検証」の項目があり、盗聴捜査についての下記のような記述が引用されています。

「けん銃事犯を摘発するためには、犯罪に使用される電話を傍受することが極めて有効。（略）平素から電気通信業者と協力関係の構築に努める」

そして、津田さんの取材に応じた警察官の次のような発言が引用されています。

「電話の盗聴に、機材なんて使う必要はない。われわれには『ドカン』という手法がある。電話会社の工事部に電柱番号を照会すれば、対象の家屋に引かれている電話の番号は簡単に割れる。あとは電話工事部の『協力者』に頼んで、一日二四時間、その電話の通話内容を録音してもらって聞けば、すべて傍受できる仕組みだ。電話会社には通話料金のトラブルに備えて、通話時間、相手などを記録できるシステムがあって、それを利用させてもらうのさ」

電話の通話内容を傍受することは通信事業者にとっては極めて容易で、しかも日常的な業務とも

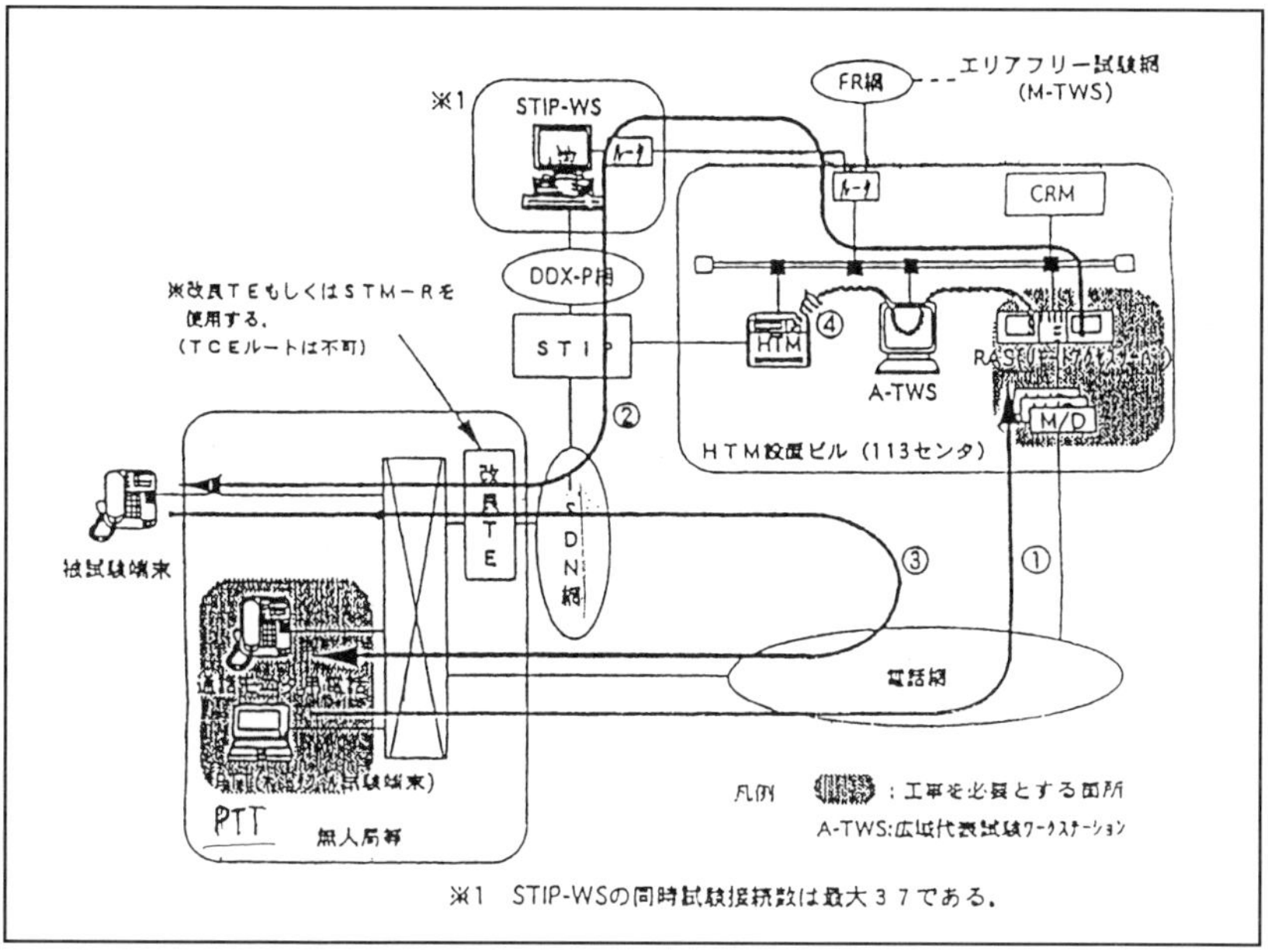

図2、アナログ加入者線試験端末接続図。この図には以下のキャプションがついている。「持ち運び可能な試験端末（ＰＴＴ：ポータブル試験端末）により電話線を使用してＣＵＬＴＡＳに接続し、所内SO確認業務、および大規模災害などで被災した電気通信復旧を円滑に行う。接続校正及び工事を必要とする箇所について示す。」

関連が深い。回線の故障や受話器がはずれてお話中状態になっているかどうかなどの顧客からの問い合わせに応じるために、電話回線に割り込んで会話を聞くことのできるシステムがあります。「カルタス」と呼ばれるシステムの場合（図2参照）、電話局の交換器施設から離れた場所からでもノートパソコンを用いて電話回線経由でＩＤ番号とパスワードを入力し、調べたい回線の電話番号を入力すれば傍受は可能なのです。パソコンはウィンドウズで動く通常のパソコンにカルタス用のソフトウェアを搭載したものです。こうした装置は通信事業者や電話回線工事の下請会社も保有しています。この装置やソフトウエア、あるいはＩＤやパスワードを捜査当局が取得して内密に使用することは不可能ではありません。したがって、右のような「ドカン」と呼ばれる違法な盗聴捜査は十分に可能なだけでなく、捜査機関自らがネットワーク越しに盗聴することも不可能ではないのです。

いま述べたのは、従来の通信事業者の設備を利用した盗聴ですが、二〇〇〇年度の警察予算で、は通信事業者の施設に接続して盗聴・記録する独自の装置を導入しました。そして、さらに二〇〇一年度予算では電子メール盗聴の装置の導入が決定されており、その仕様書も公開されています（次ページ資料参照。仕様書そのものは、http://www.jca.apc.org/privacy/ から入手できる）。いずれの装置も、コンピュータで動作するために、装置を動かすプログラムが書き換えられてしまえば違法な盗聴捜査は可能です。また、記録された通信についても、コピーをつくることやデータベース化して他の警察保有の情報と連動させて使用するといった使い方もできます。電話の音声も、音声認識や声紋鑑定技術が高度化しているので、データベース化も容易になっています。

電子メールの盗聴については国際的にもプライバシー侵害の度合いが大きいことで、大問題になっています。この点について少し説明します。電子メールの盗聴に関しては、技術的に言うと、電話の盗聴同様、警察庁が考えているやり方では令状とは無関係なメールも盗聴が技術的に可能な仕様になっています。二〇〇一年度の予算で、警察庁が請求した電子メール関係の盗聴装置の予算要求によれば、総額一億四千万円が「仮のメールボックス」の名前で計上されています。この金額で十六台導入を予定しているので、一台当たり八七五万円となります。この仮のメールボックスとい

電子メール盗聴装置の概要と予算の内訳
（保坂展人議員の質問趣意書への警察庁の回答より）

（１）プログラムの機能の詳細（機能メニューなど）
（答）通信事業者貸与用仮メールボックスは、通信事業者の負担の軽減を図るため、通信事業者に貸与し、当該通信事業者が自ら電気通信設備に接続して仮のメールボックスとして使用するものであり、具体的には以下のような機能を持たせることを考えております。
・傍受令状き記載されたアドレスのみを通信事業者に設定させる機能
・当該アドレスに係る電子メールのみを傍受する機能
　本装置は、平成13年度予算で調達予定であり、その仕様の詳細については、現時点では未定です。

（２）技術的仕様（メール蓄積能力、検索機能等）
（答）（１）への回答を参照してください。

（３）e-mail捜査の現状と実績（組対法対象犯罪捜査以外の一般犯罪捜査でのe-mail捜査、罪種、件数）
（答）ハイテク犯罪を中心とした様々な罪種の犯罪において、被害者や被疑者に係るe-mailに係る捜査を行うことがありますが、これらの件数については統計がありませんので、ご質問のお答えすることはできません。

　なお、ハイテク犯罪のうち、ネットワークを利用した犯罪の検挙は大きく増加しています。（検挙状況等については別紙のとおり）。中でも、多いのはわいせつ物頒布、児童買春、児童ポルノ法違反ですが、詐欺、名誉毀損、薬事法違反、脅迫等も多発しています。これらのうちe-mailを利用した犯罪としては、電子掲示板やオークションサイトにおいて商品販売の虚偽情報を掲出し代金名下に金品を騙し取る詐欺事件に当って商品取引方法や支払方法等の連絡にe-mailを用いた事案や、e-mailを用いた恐喝や脅迫事案が多発する傾向にあります。

（４）価格八七五万円の内訳（プログラム開発費、ハード価格）
（答）通信事業者貸与用仮メールボックスの機能については、問１への回答のとおりですが、このような機能を備えた機器は市販されていないことから、所要の調査の結果を踏まえ、16式で141百万円（一式当たりでは八七五万円に相当）と積算したものです。

　積算のおける調査に当っては、複数の業者に任意の協力をいただいていますが、ハード価格などの各種情報を行政機関以外に公にしないよう求められていますので、お答えいたしかねます。

う装置は、インターネットのプロバイダーの外部とメールサーバの間の回線にはめ込む装置で、プロバイダーを通る電子メールのデータはいったん必ず警察の仮メールボックスの中を通過する仕組みになります。この仮のメールボックスを通過する全てのメールの中から、盗聴の対象となるメールをコンピュータで選びだしてそのコピーを自動的に作成させます。

この仮のメールボックスという装置は、盗聴法制定過程の国会での議論ではまったく論議されませんでした。当時の国会答弁では、プロバイダーのポップサーバを盗聴の対象とすると述べ、プロバイダーに協力させて、対象となるメールのコピーを作成させるようにサーバを設定するというものでした。つまり、プロバイダーの電子メールを管理するコンピューター（メールサーバ）の中に警察の郵便箱を作って、そこにメールが転送される仕組みというのを考えていました。しかし突然こうしたやり方をやめて、警察が準備した装置を回線の間にはめ込んでそれで盗聴するというわけです。したがって、警察側があらかじめ設定したコンピュータのプログラムによってコントロールされるわけですから、仮のメールボックスの中で、誰のメールを盗聴するのか、どういうメールを盗聴するのか、などについては、コンピューターのコントロールのさせかた、プログラムの組み方によって何でもできてしまうわけです。プロバイダーが接続やメールのコピーなどの措置を全て設定するのであれば、警察の違法な盗聴はある程度察知されますが、この仮のメールボックスでは、こうしたチェックがまったく効かなくなります。このように、電子メール盗聴装置の導入の性格から考えて、捜査当局は盗聴捜査の内容を極力通信事業者に秘匿したいという意図が露骨なのです。通信事業者には守秘義務と盗聴捜査への協力義務が法的に定められているのですから、捜査協力させることに何ら法的な問題はない（もちろん道義的問題や、憲法と盗聴法との不整合といった観点から私たちは通信事業者が盗聴捜査に協力しないことを期待しますが）にもかかわらず、それでもなお隠したいことが盗聴捜査にはあるのだということを如実に示す例だといえます。

電話の盗聴装置も含めて、盗聴装置は先にの述べたようにコンピュータの装置であり、プログラムによっていかようにも機能しますから、プログラムを公開し、プログラムの適法性と違法な使用法があらかじめ技術的に不可能なように禁止されているかどうかなどのチェックは最低限必要です。そして、いったん組み込まれたプログラムが勝手に書き換えられたり、追加のプログラムをインストールできるなどといった拡張性を持たないような厳密な技術上の制限が加えられている必要があると考えます。しかし、警察庁の公開した仕様書を見る限りこうした最大限可能な歯止めはまったくなされていません。いいかえれば、できるであろう技術的な歯止めをあえて意図的に行わないことを選択しているようにすら見受けられるのです。このような技術の歯止めのない盗聴装置を野放しで捜査当局に与えることは、私たちにプライバシーを彼らの前に裸でさらすのと同様の極めて危険なことだと言うことを強調しておきたいとおもいます。

捜査当局は、次世代の通信システムにおける研究開発を積極的に進めようとしています。この内容は不明な点が多いのですが、場合によっては新たな通信技術の仕様策定に際して捜査機関の盗聴を容易にするような技術の組み込みを要求するなどといったこともあり得るでしょう。また、携帯電話などの場合には、音声の電話にも使えますし、メールにも使えますし、インターネットのホームページを見たりする場合にも使えると、いろいろ多機能になっていますが、上記の盗聴装置ではこれらの機能をすべて網羅的に盗聴することはできないといった限界もあります。さらに、近年普及しはじめているインターネットを利用したVPN（バーチャル・プライベート・ネットワーク）なども盗聴が困難です。これらの困難な部分への技術的な適用が今後進めば進むほど、捜査当局の違法、不正な盗聴捜査の可能性も広がらざるを得ないのです。

いままでは盗聴捜査そのものに関する問題点を話ましたが、盗聴捜査で得た記録の扱いに関しても問題があります。というのは、通信の記録は警察側にいったん入手されてしまえば、それをどういうふうに利用しようが、それは警察の勝手、自由な裁量権にゆだねられます。さらに、海外の捜査機関にも提供することは合法と言われています。従って、どういうふうな不当な利用のされ方をするのかは、全く、わからないという状況に今のところなっています。欧州評議会が検討し、日本政府も批准を予定しているサイバー犯罪条約（本書、山下幸夫論文参照）が発効すれば、国際的な捜査機関の協力が、盗聴捜査を含む強制捜査の拡張を確実にもたらすと思われます。警察や日本政府が盗聴法を成立させる際に頻繁に海外の盗聴捜査を引き合いに出して、盗聴捜査の合法化を強引に進めたように、国内的に法律を変えたり、立法化することが進められない場合に、外圧を使って、外圧があるようなふりをして、新しい立法を通すというやり方があります。このサイバー犯罪条約はまさにそれです。法務省はすでにかなり数年前からこの条約案づくりに参加しているのですが、この条約が通りますと、今、盗聴法で一応適法だと認められている犯罪の範囲を大きく越えて、かなりの部分まで盗聴捜査を可能にしなければならない、ということになるだろうと思います。たとえば、いわゆるハッカー的な行為、著作権法違反にかかるようなデータ、児童ポルノ関係（児童ポルノといってもサイバー犯罪条約の場合には、被写体が未成年でなくても、未成年のように見えるものは違法だということになります）なども盗聴捜査に含めてできるようになるのではないかと思われます。それからプロバイダーとか、通信事業者が持っている個人情報も現在は任意に提出をさせる、あるいは裁判所の令状を請求して情報を入手するというやり方でしたが、このサイバー犯罪条約ができると、たぶん、裁判所の令状なしに、強制的に通信事業者がもっている個人情報（つまり、ユーザーの住所、氏名、それから銀行の口座、電話番号、その他）を強制的に提出させる権限を持つことになる。これは日本だけでなく、この条約に参加したどの国の捜査機関も他の国に対して、そういう要求を出すことができることになります。このように外圧を使った形で、盗聴捜査の枠組みというのが大幅に拡張されるだろう。あるいは拡張されていくことが今、懸念されていています。

私たちとして何をしなくてはいけないのか。一応、政府のやることですから、違法なことを堂々とやるわけがないんですが、いろいろな手段で私たちは政府、捜査機関の違法捜査をチェックできるような監視の力を強める必要があると思います。最終的には現在ある盗聴法を廃止することを目指さなくてはいけないと思いますが、現状の盗聴法を死に体にするためにも、人、物、金の条件を絶つことを様々に工夫する必要があると思います。つまり、盗聴捜査を支える捜査員、それから、ＮＴＴなどの通信事業者で捜査機関に協力をする人たちなどの人的な条件に関して、盗聴法の法律ができたことによって、大っぴらにそうした人員の確保が可能になっているわけですが、こうした人的な条件をできる限り阻止してゆく。盗聴法の中で通信事業者の協力義務が明記されましたので、通信事業者が協力をしなければいけない。そのための人員を割くことができる、となっています。通信事業者による違法スレスレの捜査機関への協力ということをさせないような体制をきちんと作らないといけないだろう。また、そういう運動が必要だろうと思います。それから、公安警察も盗聴捜査できるのですが、これはおかしなことです。盗聴法の趣旨からすれば、適応対象は刑事事件に限るわけですから、警備公安警察に盗聴の権限を与える必要性はまったくないはずです。公安警察のやる盗聴捜査は明確に禁止するような形をとらなければならないだろうと思います。

それから技術に関しても全くの野放しで、どういう技術を警察が使おうがかまわない、それは警察の勝手だ、ということになっています。そうではなくて、警察が利用できる技術、それから警察が開発していい技術に関しても明確な歯止めを要求するようなことが必要になっていると思います。特に、盗聴捜査とか個人監視につながる技術に関しては、いったい、現在、警察がどういう技術を持っているのか、どういうことを開発しようとしているのかといった実態を明らかにしていく運動が必要でしょう。

盗聴法によってもっとも大きく変った点のひとつが、大っぴらに国家予算を使って盗聴ができるようになったということでしょう。今までの、隠密な、非合法にやってきた盗聴捜査ではそれができなかったわけです。しかし、すでに述べたように、現状では違法捜査に歯止めがないわけですから、こうした現状を追認するような捜査当局の予算の使用をきびしく規制する必要があります。違法行為が可能な盗聴装置に予算をつけないことなどを具体的に検討できるような枠組が国会などで検討される必要があると思います。盗聴法は廃止されるべきですが、そこに至るまでに可能なさまざまな歯止めを検討し、盗聴捜査を行わせない運動を展開することも同時に重要な課題とならざるを得ないでしょう。

エシュロン

通信監視の国際ネットワーク

小倉　利丸

ECHERON（エシュロン）というコードネームで呼ばれる国際的な盗聴ネットワークの存在がクローズアップされたのは、一九九八年に欧州議会に提出されたある報告書がきっかけでした。それは、欧州議会の科学技術に関するオプション・アセスメント（STOA）の報告書「政治的コントロールの技術についての評価（中間報告）」というもので、このなかにエシュロンについての言及がありました。すでにニュージーランドのジャーナリスト、ニッキー・ヘイガーが『シークレット・パワー』[1]という本のなかでエシュロンに言及していましたが、国際的な政治問題として大きな注目を集めたのはこのEU議会報告書です。

報告書では、ヨーロッパ域内のすべてのメール、電話、ファクス通信が、イギリスの諜報機関の協力のもと恒常的に米国の国家安全保障局（NSA）によって傍受（盗聴）されていることが明らかにされました。情報はヨーロッパ大陸からイギリス、ノース・ヨーク・ムーアのメンウイズ・ヒルにあるNSAの基地を経て、米メリーランド州フォートミードに通信衛星を介して送られ解析されていると述べられています。

そして九八年八月、イギリスのジャーナリスト、ダンカン・キャンベルが「誰かが見張っている」と題した詳しいレポートを、英国月刊誌『ニュー・ステートマン』八月一二日号に発表したことで、エシェロンは多くの人々に知られるようになりました。このなかで、キャンベルは、NSAが外国だけでなく米国内の政治家の盗聴も行っていたことなどを元職員の証言として報じ、諜報機関による違法な情報収集の実態を明らかにしました。

民間にも転用された盗聴技術

STOAは、さらに九九年四月にダンカン・キャンベルが執筆した報告書『監視技術の発達と経済情報の侵害の危険性』を公表しました。これによって、従来、軍事目的に限られていると信じられていた諜報機関などの盗聴行為が、企業活動や民間の活動などを対象として無差別に行なわれている実態が明らかになったのです。[2] この報告を一つのきっかけとして、欧州議会は二〇〇〇年七月にエシュロンに関する調査委員会を設置し、本格的な実態調査に乗り出しました。軍事諜報組織が一般市民のプライバシーを過剰に侵害し、さらには産業スパイ行為を行っている事への強い批判があったからです。しかし、EU加盟各国もドイツのように基地提供など様々な形でエシュロンの恩恵をうけてきた国があったり、フランスのように米国同様の国際諜報網をもっているとされる国があったりで、調査に対して及び腰の傾向もみられましたが、最終報告書ではその産業スパイの疑いも含めてエシュロンによるプライバシー侵害の危惧を指摘するに至りました。[3]

エシェロンは、上記のNSAを中心として、イギリス、オーストラリア、カナダ、ニュージーランドの諜報機関で構成された組織的な大規模盗聴ネットワークです。毎日、電話、電子メール、インターネットのデータ通信、通信衛星などほとんどすべての通信の監視と情報収集を行っているといわれています。たとえば、インターネットに関しては、米国内の九つの相互接続ポイント（IXP）にNSAが「スニッファー」と呼ばれる通信内容を捕捉するプログラムを組み込んでいることや、マイクロソフトなど米国のネットワーク関連企業がNSAに技術協力していることなどが報告されています。

エシェロンでは、経済情報や外交関係の情報も網羅的に収集されています。また、国際的人権団体であるアムネスティ・インターナショナルやクリスチャン・エイドなどの慈善団体やNGO（非政府組織）の組織も盗聴のターゲットとなっています。さらに、イギリスでもサッチャーが首相時代にエシェロンを利用して閣僚をスパイしていたことなどがマスコミで報じられるようになっています。(4)

エシェロンは、地引き網的に通信を盗聴し、その中から諜報機関にとって有用と思われるものを抽出します。参加国の機関はそれぞれ、キーワードや文章、人物などに関する固有の「辞書」をもち、ほかの四カ国とこれらの辞書を共有しあいながら、人工知能を駆使して、収集した通信内容を選別し分類する仕組みができています。盗聴したメッセージは、キーワードごとに四けたのコードが付されます。たとえば、日本の外交関連情報であれば5535、暗号技術の配布ファイルであれば8182といった具合です。このほかに、日時や盗聴した基地などの事項が記載されます。そしてこのコード番号によってデータを整理して利用する仕組みになっていると言われています。

日本もターゲットに

日本がエシュロンによる盗聴のターゲットになってきたことは、かなり以前から知られています。たとえば、パトリック・ポールは次のような事例を挙げています。(5)

九〇年にＮＥＣ（日本電気）がインドネシア政府と交渉していたテレコミュニケーションの建設に関する投資について、ブッシュ政権は諜報機関による通信傍受で得た日本の情報をもとに両国間の交渉に介入しようとした。

九三年、クリントン大統領は、日本の自動車メーカーによる無公害車の設計情報をスパイし、米国の大手メーカー三社〝ビッグスリー〟に情報を流すようＣＩＡ（米国中央情報機関）に対して指示した。九五年の日本の高級車の米国への輸入に際しても、貿易交渉を有利に進めるために同様の手法で情報収集が行なわれた。

オーストラリアは、ＤＳＤが経済情報を収集し、外国による不正な取引がある場合は、こうした情報を国家アセスメント事務局を通じて、自国企業に提供している。日本の商社による石炭や鉄鉱の貿易交渉がこうしたターゲットになっていたことは有名な話で、同様のことがエシェロン参加各国で実行されている。

これは、氷山の一角にすぎません。日米貿易摩擦全体を視野に入れれば、もっと多くの企業がターゲットにされていたとみてよいと思います。また、日本で活動している国際ＮＧＯもまた盗聴のターゲットとされている可能性を否定できません。

日本の加担の実態

オーストラリア本国でも九五年当時、オーストラリアの諜報機関によるスパイ活動がメディアで報じられて議論になりましたが、同時に、日本によるオーストラリアへのスパイ活動もまた大きな問題になっていました。九五年五月二四日付の『シドニー・モーニング・ヘラルド』は、オーストラリアのジャカルタ大使館が日本の大使館関係者によって室内盗聴されていたということを報じています。ジャカルタ大使館から六〇〇メートルはなれた日本の大使館から職員が、室内の会話を傍受できる特殊な赤外線を用いた盗聴装置を操作しているところをオーストラリアの諜報機関が確認したという記事です。

この日本政府による盗聴事件は、オーストラリアではテレビでも報道され、注目されましたが、日本ではほとんど報じられなかったのではないかと思います。共産党緒方盗聴事件、社民党保坂盗聴事件など国内での盗聴事件だけでなく、海外でも日本政府が様々な盗聴行為を実行していると疑うに十分な事件です。外務省の不祥事は公金横領といった事件だけでなく、むしろこうした日本政府が組織的に遂行していると思われる対外的なスパイ活動の実態を明らかにすることが非常に重要となっているのです。

右のような日本政府によるスパイ行為とは別に、日本のエシェロンとの関わりの実態は、実ははっきりしていません。在日米軍の三沢基地には高周波の無線を傍受したり、旧ソ連の通信衛星などを傍受する施設があり、これがエシェロンのシステムに組み込まれているということは、先のさまざまな報告で繰り返し言及されています。しかし、これは、三沢に限定された事態ではなく、こうした軍事的な協力関係には長い歴史があります。

第二次大戦集結直後の四八年、英米の諜報機関は、UK―USA協定とよばれる国際的な通信傍受の秘密協定を結びました。この協定の内容は現在まで極秘とされているためその詳細は明らかではないのですが、オーストラリア、カナダ、ニュージーランドを加えた英語圏五カ国が参加していることはよく知られています。ジェフェリー・リッチェルソン（ジョージ・ワシントン大学、国家安全保障アーカイブの上級特別研究員）によれば、オーストリア、タイ、韓国、ノルウェイ、デンマーク、ドイツ、イタリア、ギリシャ、トルコ、そして日本が「サードパーティ」（第3グループ）としてこれに参加していると述べています。(6) しかし、いつ参加し、どのような協力関係にあるのかについては、海上自衛隊による日本海での情報収集での協力などにごくわずか言及されているだけでほとんど言及がない。推測ですが、朝鮮戦争当時にはすでにこの秘密協定に参加していた可能性はあるのではなかろうか。とすれば長年にわたって日米は軍事的な通信傍受で協力する関係にあるということになります。エシェロンは、こうしたUK―USA協定の一部をなすものなのですから、日本がエシュロンでなんらかの役割を果たしていることはほぼ間違いない。日本の企業や政府は経済的には米国の盗聴の対象になりながら、在日外国人や人権団体、政治団体などは逆に日本を含むエシュロンによって監視、盗聴されるというねじれた関係にあるということになります。

　このように、エシェロンとＵＫ－ＵＳＡ協定による軍事的な通信傍受の体制が民間やＮＧＯの活動まで監視するシステムに拡張された状況では、軍事、外交、経済から市民生活や政治活動に至る市民的な自由にかかわる領域までが継ぎ目なく盗聴と監視のシステムに組み込まれざるをえないことになるのです。

日本の盗聴法との怪しい関係

　実は日本でも盗聴法（犯罪捜査のための通信傍受法）がエシェロンのようなネットワークと無関係ではないと推測される事実がいくつか存在します。

　九九年春に、合衆国の自由人権協会（ＡＣＬＵ）は情報公開法に基づいて、日本の盗聴法制定と米国政府との関わりに関する公文書の開示請求を行ないました。これに対してＣＩＡは、国家安全保障上の理由から回答を拒否してきました。

　日本の盗聴法は建前上は刑事事件のための盗聴捜査に用いられるものであって、ＣＩＡと利害関係がある米国の安全保障と関わるような法律ではないはずです。しかし、こうした米国政府の反応から、米国側にとってはこの盗聴法が何らかの意味で米国の安全保障に関わりがあるものとみていることは疑いありません。

もう一つは、盗聴装置の仕様に関する疑惑です。九九年の盗聴法成立後に警察庁は、大容量のデジタル記憶装置ＤＶＤを用いて、電話とファクス通信を盗聴できる装置を新たに開発することに決定し、日立が受注して製造納入しました。公表された仕様書などからわかっているのは、この盗聴装置は、ＮＴＴが使用している顧客の回線故障や、通話中かどうか調べる場合に用いるシステムに接続でき、全国どの電話でも盗聴できるような設定が可能であり、ネットワーク機能を搭載すればＮＴＴの施設外からでもモデムを介してリモート（遠隔操作）でアクセスできるというものです。そして二〇〇一年度中には、プロバイダーの回線に割り込ませて全ての電子メールを網羅的に監視しながらターゲットとなるメールだけを選別して盗聴する「仮のメールボックス」と呼ばれる装置を導入することが決定しています（本書、小倉「盗聴法」の項参照）。

エシュロンは網羅的に情報を収集し、キーワードで選別することはできても、捜査員が通信施設にはりついて特定の回線を常時監視したり、通信内容を盗聴するといった技術まではもつことができていません。だから、エシュロンによって収集したデータを元に、盗聴すべきターゲットを絞り込むことができたとしても、そのターゲットだけを常時監視し、盗聴するためにはむしろ盗聴法をかくれみのにして、特定の通信回線へのアクセスを確保することが必要なのです。盗聴法によって通信事業者への協力が義務づけられ、国家予算を公然と使用できるようになったことによって、軍事や国家安全保障目的の、従って現行法上では違法な盗聴捜査が非常にやりやすくなったことは確実です。こうして盗聴法によって捜査当局が得た盗聴の自由は、容易にエシェロンのシステムと結び付く危険性をもつといえます。

事実、イギリスではインターネットのプロバイダーと警察とを直接回線で結び、警察はリモートコントロールで電子メールの盗聴ができるように盗聴法が改正されました。(7) また、米国でも通称「カーニボー」と呼ばれる電子メール盗聴装置をＦＢＩが開発し、この装置にＣＩＡなどの情報機関が強い関心をもっていることが知られています。(8) 軍事目的のエシュロンと警察の犯罪捜査のための通信監視技術が東西冷戦の崩壊とともに、国際的な人権団体やＮＧＯなどを新たなターゲットとして協調、連動しはじめているのではないでしょうか。エシュロンと盗聴法はいわば市民監視の車の両輪のような関係にあるといえます。

エシュロンをナショナリズムに利用しようとする動き

日本でもエシュロンへの関心が高まっていますが、そのなかにいくつか危惧すべき動きがあります。それはこうした日本政府の諜報、盗聴活動や、エシュロンへの加担を棚上げにして、日本が一方的な被害国であるかのように主張する保守派の論調です。諸外国のスパイ行為に対抗できるスパイ組織が必要であるといった安直な主張をよく耳にするようになってきました。他方で内閣府が進めている外交、防衛に利用する情報収集衛星については、その情報がほとんど出されてない。こうした情報環境のなかで、あたかも日本は「スパイ天国」であるかのようなキャンペーンがはられ、日本自身が行ってきたスパイ行為の実態を覆い隠し、矮小化する傾向が目立っています。

特に、石原都知事や小泉内閣によるナショナリズムの大衆的な扇動のなかで、私は、エシュロンや軍事、外交における諜報活動を日本の国益に結びつける論調がさらに強まるのではないかと危惧しています。米国が日本企業をスパイしているといったキャンペーンは、近年とくに活発になっている反米ナショナリズムを巧みに利用し、都市の保守的な中間層のフラストレーションをナショナリズムに動員する格好の素材になる可能性があります。

他方で、このようなエシェロンに対して、市民団体からの根強い反対運動も展開されています。合衆国ではエシェロンが自国市民や政治家の監視に使われている証拠が明るみ出され、訴訟も起こされました。英国では改正盗聴法によるインターネット盗聴の合法化への激しい反対運動が続いています。⑤

私たちは、エシュロン問題を国益に利用し、日本の諜報活動を促進しようとする傾向に反対し、日本が軍事、外交さらには市民生活に関して近隣諸国を含めた諸外国の市民生活のプライバシーを侵害するような行為を行ってきたことを明らかにし、その責任を追求することこそが必要であり、また日本に住む市民の責任でもあると思います。エシュロンの問題は軍事、外交にかかわるだけでなく、盗聴法やNシステム、住基法の背番号制とICカード導入といった一連の市民監視のシステムとも関わりがあることを忘れてはならないでしょう。盗聴法を廃止する運動や政府、民間による市民監視のさまざまな制度に反対して、自国政府の責任を明確に問う運動を通じて、私たちは市民レベルで近隣諸国の人々との友好と連帯をつくりあげることが必要です。

盗聴法廃止署名は、開始半年で一〇万名を超え、二〇〇一年上半期で二五万名に迫る勢いである。また、国会では毎回盗聴法廃止法案が提出されるという状況が続いています。なによりも日本に住む私たちは、この国の政府が加担している国際的な盗聴組織の実態を明らかにするためにできる限りの運動を展開するべきです。特に、在日外国人や人権団体、第三世界の支援を行なっているＮＧＯに対する政府や諜報機関の盗聴、監視を放置しておけば、そのこと自体が地域の平和を脅かし、諸地域で闘う人々の人権や生命すら危険にさらしかねないことをしっかりと自覚したいと思います。

【注】

（1）Nicky Hager, Secret Power - New Zealand,s Role in the International Spy Network, Craig Potton Publishing, 1996

（2）これらについてはダンカン・キャンベルのウェッブ（http://www.gn.apc.org/duncan/echelon-dc.htm）に文書が公開されている。

（3）欧州議会の報告書は下記から取得できる。http://www.europarl.eu.int/committees/echelon_home.htm

（4）報道機関によるエシェロン報道は、下記にまとまっている。ECHELONResearch Resourceshttp://fly.hiwaay.net/~pspoole/echres.html

（5）Patrick S. Poole "ECHELON: America's Secret Global Surveillance Network", 1999/2000, http://fly.hiwaay.net/~pspoole/echelon.html#FN01)

（6）Jeffery T. Richelson, The U.S. Intelligence Community, fourth edition, Westview Press, 1999

（7）英国の改正盗聴法の問題点については、以下のウェッブで日本語で読める。http://www.jca.apc.org/~yukihiro/issues/antiwiretap/

（8）カーニボーおよび米国の盗聴捜査に関しては電子プライバシー情報センターの下記のウェッブを参照
http://www.epic.org/privacy/carnivore/
カーニボーについては下記も参考になる。 http://www.robertgraham.com/pubs/carnivore-faq.html
そのほかのエシュロン関連サイト
ネットワーク反監視プロジェクトの「エシュロン・リンク」（リンク集） http://www.jca.apc.org/privacy/echelon_link.html
米国自由人権協会の「エシュロン・ウォッチ」 http://www.aclu.org/echelonwatch/

住民基本台帳ネットワーク

白石　孝

プライバシーアクションと国勢調査の見直しを求める会の代表をしている白石です。盗聴法の運動をされているみなさんと住民基本台帳ネットワーク、（住基ネット）の運動をしている私たちが合同で集会をするのは、二年ぶりです。ちょうど二年前、盗聴法や「改正」住民基本台帳法などさまざまな法案が審議されていた時に、国会近くの星陵会館で集会をしました。それ以来ですが、二年前はどちらかと言うと、政治課題で一緒にやるという要素が強かったと思います。法案を国会で成立させないということで、反対する各政党議員を応援する目的でした。ところが今回は、この二年の間に一緒にせざるを得ない、自然に一緒の課題として、しなければならなくなったと思います。これから私の後に報告されるテーマ全てにあてはまりますが、二年前あるいは三年前、四年前に私たちが危惧していたことが、一歩一歩近づいてきていると感じています。ということは決していい状態で今日を迎えているのではなく、これからはこのタイトルにあるように監視社会とプライバシー、プライバシーと人権、個人の自由をどう守っていかなければならないのか、真剣に考え行動しなければいけない、そういう節目の集会だと思います。

住民基本台帳ネットワークとは

それではまず資料1を見て下さい。杉並区が二〇〇一年二月一日に区民に配布した広報紙です。これを使って説明をさせて頂きます。まずは住基ネットとは何なのかということに触れたいと思います。いろんな政党や労働組合、運動団体の中に、国旗国歌法、通信傍受法（盗聴法）、住民基本台帳法など反動、住民管理体制が進むというように並びで書いてありますけども、書いている方がどれくらいこの問題を理解されているのか？（笑）というように、いつもそれを見ながら、うーんこういう書き方でいいのかなという思いがありますので、基本の説明をします。

この『広報すぎなみ』の一番下に二つの図があります。一般的に言われているのは図2とある右の図のことです。これまで市役所ごとに管理されていた住民基本台帳が今度は、コンピュータオンラインで都道府県単位のネットワークに乗り、さらに全国センターを通して全国のネットワークに乗ります。住民基本台帳には記載事項があって、住所、氏名、生年月日、続柄とかの項目があります。それに一一桁のコードを付け加えます。住民票がある人には法律によって一一桁のコードを強制的につけるというのが基本です。その上で、これを全国にネットを使って流していきます。

総務省がいう表向きの目的は、省庁事務の効率化です。例えば、これは今回の改正法には入っていませんが、わかりやすいので事例とします。年金の対象者に対して一年に一回生死の確認をする。今は本人が葉書で社会保険庁に確認の通知を出すという方法を取っていますけども、これをコンピ

広報
すぎなみ
●発行／杉並区　●編集／広報課
〒166-8570 杉並区阿佐谷南1-15-1
区の代表電話は ☎3312-2111
FAX 3312-9911（広報課直通）
http://www.city.suginami.tokyo.jp/
3312
SUGINAMI CITY
平成13年 2／1 NO.1542
（発行日）毎月1日・11日・21日

◆主な記事◆

ご存じですか？ 住基《じゅうき》ネット

平成11年8月に、住民基本台帳法の一部が改正されました。これに伴い、全国民を対象とした住民基本台帳ネットワークシステム、いわゆる住基ネットが14年8月から一部稼働し、15年8月には全部稼働する予定です。

——問い合わせは、住民記録係へ。

この住基ネットの全部稼働により、引っ越しの際の区市町村への届け出が簡略化することや、自分の住民票の写しを全国どこでも取ることができるようになります。住基ネットの運営にあたっては、都道府県並びに総務大臣が指定する指定情報処理機関（全国センター）が、区市町村から集まる氏名・生年月日や新たに付番される住民票コード（11ケタ）などの住民情報（住基データ）を管理し、国の機関や区市町村などに対して、本人であることを確認するための情報（本人確認情報）の提供を行っていくようになります。これまで、住所、氏名、生年月日などの住基データは、居住地の区市町村だけが管理してきました。以前から、杉並区では、住基データの利用にあたって、国や他の機関からの問い合わせばかりでなく行政内部の活用に際しても、個人情報保護条例に基づき、慎重に対応してきました。住基ネットでは、新たに住基データの一部を、区だけではなく東京都や指定情報処理機関も保有・管理するようになります。

今回は、区民の大切な個人情報を取り扱うことになる住基ネットをご紹介します。

住基ネットに関するアンケートを実施しますので、ご意見などをお寄せください（8面）

「自由と誇り」を愛すればこそ

杉並区長 山田宏

一昨年の住民基本台帳法の改正で、来年から全ての住民に11ケタの番号が付けられます。目的はこの区報でお知らせしている通りですが、私は昨年の区議会でも「大きな危惧を感じる」と申し上げてきました。

まず「全国どこでも住民票の写しが取れる」程度のサービスを、初期投資国〇〇億円、毎年の経費二〇〇億円もの税金をかけて実施する必要性があるのかという点です。希望者に住民カードも配るということですが、自治体から見ると、カードを持っている人といない人の両方に対応しなければならなくなり不効率です。

今回はスムーズに「全国民に統一番号をつける」ことが主目的で、いずれ法改正をして、この住民番号を納税者番号や介護保険番号など他の用途にも広げようというのなら、投資効果は高くなるでしょうが、これはいわゆる『国民総背番号』となります。一枚のカードですべて済んでしまうという便利さと同時に、他人にその番号を知られると、その人のさまざまな個人情報がその番号ひとつで盗まれるという危険性が高まります。

IT社会には、個人を識別する番号が不可欠です。しかしそれは、年金番号や納税者番号など目的別に個人が複数の番号を持つべきで、ひとつの番号に統一することは、プライバシーを守るためにも、絶対に避けるべきです。プライバシーと私有財産を大切にすることは、個人の自由と誇りを守る源泉と考えるからです。

法改正でも、番号の他用途への拡大使用を禁じてはいます。しかしそれもいつ再改正されるかわかりません。現に政府税調では、納税者番号との統一化が議論されています。

「法は法」。行政官としての区長は、その執行の義務を負うのは当然です。しかし執行までまだ時間があるので、国会決議に基づき、区民の皆さんのご理解をいただくため、私の抱いている危惧も含めこの法律の趣旨をお知らせすることにいたしました。ご意見をお待ちしています。

住民基本台帳ネットワークシステムでの情報の流れ

〈2面もご覧ください〉

図1　全国の区市町村間を結ぶネットワーク

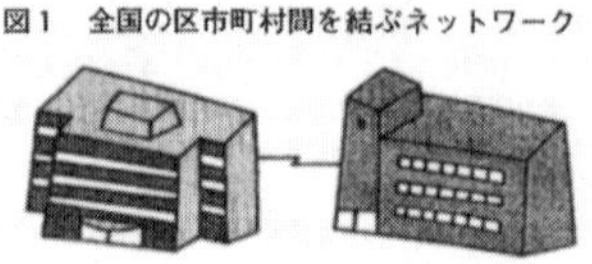

送られる情報

①氏名②生年月日③性別④続柄⑤戸籍の表示⑥住所⑦転出先及び転出の予定年月日⑧住民票コード⑨国民健康保険の被保険者である旨等⑩国民年金の被保険者種別等⑪児童手当の支給を受けている旨⑫介護保険の被保険者である旨、など

図2　区市町村と都道府県・全国センターを結ぶネットワーク

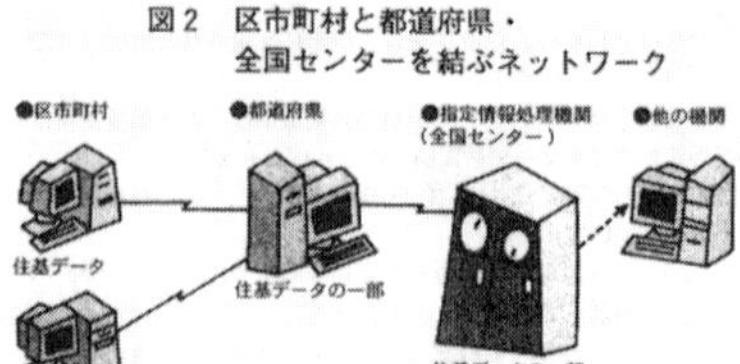

送られる情報（本人確認情報）

①氏名②生年月日③性別④住所⑤住民票コード⑥付随情報（変更年月日、理由）

図2『広報すぎなみ』2001年2月1日号

ュータ回線に乗せれば社会保険庁で一括して把握できるようになります。コンピュータを使うので行政事務の効率化につながります。これが基本の考え方なんですね。しかし、それだけでは非常に地味であるし、膨大な財政を使ってこれを実施することについて国民的な合意が得られないだろうというので付け加えたのが、住民票は全国どこでもとることができますとか、引越しの時の転入転出手続きが簡素化され便利になるでしょうということです。総務省が言っているのは、これだけなんです。ですから住民基本台帳法を読んでみると、たいした問題ではないという議論も一方ではあります。

住民基本台帳法成立への流れ

ところが、私たちが元々問題にしていたのは、そうではない。まず一番問題になるのは、国民一人ひとりに番号をつけるということ。もうひとつ問題なのは、ＩＣカードなどを使って個人の情報を管理をしていくということです。法案作成過程で旧自治省がそのままストレートに出すと抵抗が激しいだろうということで、いろんなごまかしのテクニックを使ってきました。一番最初にごまかされたのはマスコミです。住民番号制度が俎上に乗ってきたのは、一九七〇年代に当時の行政管理庁長官福田赳夫さんが行政管理統一コードといういわゆる国民総背番号を提案したのがそもそもの始まりでした。その後、一九九四年八月、自治省が住民記録ネットワークの構築に関する研究会を発足させます。この段階で自治省が考えていたのは、一〇桁の生涯変わらない番号、要するに一人に固定的な番号をつけるというものです。そして戸籍も含めた情報をすべてそれに乗せようということです。

また、全国のオンラインセンターを国の機関として運用するということ。それ以外にもありますが、その辺が大きな柱だったのです。恐らく狙いは今と変わっていないでしょう。しかし、これを明らかにしてしまうと、一九七〇年代の「国民総背番号制」反対運動が再燃してしまうと自治省は恐れていました。事実、一九九四年の研究会発足の時にはかなり抵抗が出てきた。一九九五年三月に中間報告が出されました。この時マスコミ各紙は一斉に中間報告に対して反対のトーンで報道しました。それで自治省は、マスコミ各社の代表クラスを委員に入れて最終報告を作っていきます。つまりその段階でマスコミが内部に取り込まれてしまったということです。

九六年三月に最終報告が出ます。この最終報告作成の段階で委員として入っていた毎日新聞の論説委員は辞任をしました。この報告書に与せないと、たったお一人だったと思いますが辞任し、この委員の名前は最終報告からは外れています。けれどもそれ以外の委員は辞めずにそのまま作業に参加しました。ということでこの最終報告が出てからマスコミのトーンはどんどん変わっていったのです。

次は自民党内部からあることについて強い抵抗がありました。かなり激しかったようです。それは何かと言うと「俺に勝手に番号をつけるのか！」ということです。なんで人間に番号をつけるんだと、自治省の役人を呼び付けて怒鳴りつけたようです。この結果出てきたのが、生涯変わらない番号から、いつでも番号を変えてもいいですよという修正案です。さらに本籍の表示は改正法から

法成立の経過

時　期	検討機関など	検討概要・特徴的事項など
1981年		グリーンカード制の検討〜廃止
1988年	政府税制調査会納税者番号等検討委員会	発足
1990年9月	税制問題等両院合同協議会	【大蔵省】 ①税の公平のためには欲しい制度 ②社会保障番号（年金番号）が望ましい ③プライバシー問題に懸念
1991年6月	政府税制調査会	納税者番号等小委員会再会、92年中に結論
1992年1月	政府税制調査会納税者番号等検討小委員会	年金番号を利用するアメリカ方式か、出生時に附番する北欧方式に絞る
1992年3月	政府税制調査会納税者番号等検討小委員会	①導入時期の目処 ②共通番号の種類 ③コスト ④プライバシー保護の方策
1992年5月	社会保険庁	年金番号の一元化検討開始
1992年7月	政府税制調査会納税者番号等検討小委員会	年金番号を利用する方式で導入した場合の初期導入費用を約1660億円と試算
1992年9月	政府税制調査会納税者番号等検討小委員会	社会保険庁が年金番号を95年度に一元化すると表明
1992年9月	自治省異動情報ネットワーク部会	住民基本台帳の個人番号を95年度を目処に一本化すると発表
1992年11月	政府税制調査会納税者番号等検討小委員会	納税者番号制度の導入を94年の税制改正以降に先送り
1992年11月	政府税制調査会利子・株式等譲渡益課税検討小委員会	【連合】利子・株式等譲渡益課税に対する意見書提出 ①納税者番号制度の3年以内の導入 ②財形貯蓄制度の利子非課税限度額を5百万から1千万に引き上げる
1993年6月	社会保険庁	「社会保険事業将来構想」策定 ①基礎年金番号は10桁 ②95年に実施 →自治省・地方公務員共済の一元化に反発
1994年5月	大蔵省	「納税者番号に関するアンケート」実施 →プライバシーに対する懸念が多く出る
1994年8月	自治省「住民記録システムネットワークの構築に関する研究会」発足	
1994年12月	大蔵省	総合課税を先送りし「納税者番号制度」を導入する方針を固める
1995年1月	厚生省	年金番号を97年1月から一本化すると発表
1995年3月	自治省「住民記録システムネットワークの構築に関する研究会」	中間報告
1995年6月	社会保険庁	自治労交渉 ・基礎年金番号は、年金分野で使用、「国民総背番号」、「納税者番号」には結びつかないと回答
1996年3月	自治省「住民記録システムネットワークの構築に関する研究会」	最終報告
1996年7月	自治大臣懇談会	
1997年6月	自治省住民基本台帳法改正試案公表	
1998年3月	住民基本台帳法改正案閣議決定	
1999年8月	改正住民基本台帳法　可決・成立	自民・自由・公明の賛成
1999年10月	一部施行	指定情報処理機関に財団法人地方自治情報センターが指定される。（ＮＴＴコミュニケーションズ、ＮＴＴデータ、富士通、ＮＥＣの4社が下請け）
2000年8月	「基本設計概要書」発表	
2000年9月	「政省令案」都道府県・区市町村に発表	
2002年8月	「タテのネットワーク」に関する部分の施行	
2002年8月	「ヨコのネットワーク」に関する部分の施行	

外されていますが、これについても身元調査につながるということで、人権問題を取り上げている団体が反対をするであろうということを見越して、自治省が勝手に外したものです。

それから全国センター、これも今回の住基法では国の機関そのものではないのです、形式的にはですね。要するに国がセンターを運営すると「そら見たことか」と国家管理反対論につながると。それで外郭団体に変えましょうと。このような自治省サイドの、いわば反対の世論を押え込むようなテクニックというのがずーっと続けられてきたんです。

以上のような懐柔策、そして住民票はどこでもとれますよといった「便利論」ですね、これが反対論を押え込む効果というか、成果としてあったのではないでしょうか。結果としてマスコミ、各政党がかなりこれに騙されてしまったのが経過であり、また非常に大事なポイントだと思います。

自治省の便利論のウソ

次に、自治省の言っていることでなにが問題なのかをポイントだけ申し上げます。この計画のコストですが、最初に自治省は導入するために約四〇〇億円かかります、毎年のランニングコストに約二〇〇億円かかりますと言っていました。皆さんに便利に使っていただくのだからいいでしょう、という理屈ですね。ところが、おととしの秋ぐらいに、実は導入経費に六百数十億、毎年の経費が、ちょっと正確な数字は忘れましたが確か三〇〇億ぐらいかかると金額が変わったんです。そうすると抵抗が出てきた。その後「私たちは非常に努力をして経費の削減を実現できました」と言って当初導入経費が三二〇億円、毎年の運営経費も一〇〇億円台に減ったと試算を発表しました。自治省のコスト試算はこれだけいい加減なのです。このでたらめな数字に各自治体は振り回されました。そして国のための事業なのに何で自治体が負担しなければならないのか、国が責任をもって負担しろという意見や要望がたくさん出されました。また、自治体の超過負担もかなりあることがわかってきました。

これだけのお金をかけるのだから、メリットとして出された、住民票がどこでも取れますよとか引越しの時に楽ですよと言うものがないと納得いくものにはなりません。しかし、「かなりウソだ」と杉並区長が広報紙でも触れています。『広報すぎなみ』の裏面を見て欲しいんですけれども、転出届とあります。引っ越した時の手続きですけれど、これは自治省が触れていなかった事を杉並区がはっきり分かるように書いているんです。確かに引越しの時に直接、転出証明書という、例えば杉並区から中野区に引越しする時に今は、杉並区役所に一度行き、杉並区役所から転出証明書をもらいます。それを持って中野区役所に行って、引っ越してきましたという転入届を出します。手続きが簡素化されるということですが、本人が直接杉並区役所に行って届を出す代わりに郵送で転出届けを出すというそれだけの違いです。これを日常生活に当てはめてみると、単身生活の方の状況は分からないですけれども、例えばお子さんのいるような家庭だと引越しをすれば学校の転校の手続きだとか健康保険の手続きだとか、どうしても引越しをする時の手続きで役所に行きますよね。その手続きの一つとして住民票の手続きもします。ですから住民票だけが省略されても便利にはなりません。なおかつ届けだけを郵送で行なわなければならない。こういうような便利論に実はマスコミも市民、国民もコロッと騙されているんです。

まあ情報操作の典型的な例だと思いますけれども。こういうものを一つ一つ見ていくと、結局住民基本台帳法に基づく住基ネットで何が行われるの？と、一番基本の部分が浮かび上がってくるんですね。結局、住民登録されていた人たちの個人情報を国の機関が自由に使いたい、これだけなんですよ。ここが一番、当事者である旧自治省の狙いなんです。で、それに何百億もお金をかけるの？という話になるわけですね。

一元化された個人情報と多方面への流出の危険性

もう一つは、じゃあそれだけで留まるのか？　という拡張性の話です。ここで今日のテーマにつながってくるわけです。政府は「これは公共機関の中での利用に留めますよ」ということを強調し、法律でも謳っています。そういうふうに規定しているんだから「大丈夫でしょ」と。でも小泉内閣の支持率八八％（笑）という数字が出てくる事からも分かるように、いつでも国会で変える事ができるわけです。じゃあ何をどういうふうに変えて行くのか、一番大きなポイントとなるのは、この後で報告されるＩＣカードの普及という問題につながっていくわけです。ＩＣカードの普及が、わずか二年前の国会審議の時にはそれ程大きな声にはなっていなかった。ところが特にこの一年だけでも新聞報道などでも非常に多い。斉藤さんから頂いた資料の中に注目すべきものがあったのですが、政府サイドがこういうような分かりやすい表（「整備スケジュール」という名の「平成」一二年から一五年にかけてのスケジュール表）を作っているんですね。現状では、紙のカード（住民票、健康保険証、印鑑登録証など）、磁気カード（プリペイドカード、定期券、クレジットカード、キャッシュカード、身分証、診察券、各種会員券など）、フロッピーディスク、鍵（住宅、車など）というように、個人情報やキーは様々な媒体で、なおかつバラバラに記録、あるいは管理されています。それを一枚のＩＣカードに全部集約してしまおうという構想です。ただしカードに格納されている他機関の情報を無許可で見る事はできない、と。要するに一枚のカードでもそれぞれのエリアによってチェックされているから問題ないでしょうと言うものです。けれども、かなり近い時期にこういう形になってくるでしょう。

さらに違う新聞報道（『日経』二〇〇一年一月一二日）ではこの中に本人を確認するために顔写真どころか指紋も取り込むとされています。すでにパソコンで指紋がキーになっているものがどんどん広がってきていますね。本人認識の手法として急速に普及していくでしょう。携帯電話に続く日本が国際社会で勝ち抜いていくための新たな材料がＩＣカードだとまで言われています。今までのＩＣカードは新聞紙二枚分ぐらいの記憶容量だったんですが、最近開発されたものだと一気に一〇〇倍ぐらい。新聞紙八〇〇ページ分の情報がこのカード一枚に取り込まれるわけです。いま住基ネットではＩＣカードの携帯については本人の任意だと言っているんです。だけれどもこれが本当に「任意」のまま終わっていくのか？恐らく終わらないような状況、外的な要因が出てくるだろう。で日本の場合にはシンガポールのように、あるいは三〇年前の韓国のように強制的にやるということは多分しないしできないと思いますが、結果として普及していく。そのキーワードが「効率論」「便利論」「利便性」だと思うのです。私たちがこれから考えていかなければいけないのは、便利さを前面に出したこういう戦略に対して、どこまで対抗していけるのかということです。その典型的な例がＩＣカードだと思います。

それからもう一つは色々な個人情報が一元集中管理されざるを得ないだろうという問題です。現状では、省庁間の権力争いがあるので、すんなり旧大蔵省と旧自治省とそれから旧社会保険庁が一枚岩になっていくのか？　これは微妙な所があります。一般的には大蔵が考えている納税者番号ですね、これが何らかの形で住基ネットと連動していく可能性が強い。そうなった場合、もはや個人情報が公共機関の中だけに留まることはできなくなります。一例を挙げますと、今日私は全くのボランティアで講演していますが、講師で五万円もらったとしますね、そしたら主催者が「白石に５万円を払いました」と、税務当局に白石という名前と白石の一一桁のコードを報告するわけです。これは会社の給料でも同じです。この人に年収五〇〇万を払っていますと税務署に届けます。それから銀行の預貯金の場合でもそうです。多分将来銀行で口座を開設する時に番号を提示・申告しなければならなくなる。その時にですね、この一一桁のコードを民間の企業が知らないで済むという事はできなくなってしまうのです。自らの意志でコードを知らせなければいけない。そういうこと一つ取ってみても、いつまでこの改正住基法に規定している「公共機関に限定される」かどうかの将来への保障は無いと言わざるを得ません。

私たちの主張は、いろいろな番号があるのは仕方無い、パスポートにも車の免許証にも、それはそれでそのままにしておきなさい。それを何も無理矢理一つにまとめる事はない、ということです。

そのぐらいの多少の不便さは個人の自由や尊厳を守るための必要最小限度の歯止め策です。そういうことを一応対案としては言っていますが、なかなかそれが社会的には浸透していません。しかし基本はそこだと思います。

どう運動を進めるか

私たちの運動ですけれども、現実としては先程言いましたように非常に厳しいものがあります。二年前に法律が通ってからは、普通、盗聴法もそうですけど、運動はしぼんでしまうんですが、シツコクやっている要因は何かって言いますと、将来への不安という事ですね。

手がかりの一つとしては山田宏杉並区長は、教科書問題とか日の丸君が代とかでは私と違うスタンスですから、すべて一緒にやろうということにはならないんですけれども（笑）、この問題については非常にこだわりがあり、意見はほぼ一致しています。けれども現実には他の自治体への拡がりは非常に厳しいです。今年三月の各自治体、市議会とか区議会でどのくらいこの問題を取り上げたのかという調査を私たちやっているんですけれども、例えば東京二三区と多摩二六市ほとんどで私たちのネットワークを使って取り上げられています。だけれどもいわゆる左ウィングと言われている市長、区長でも杉並さんと歩調を合わせますよという所までなかなか踏み込んでくれていないんです。かつて革新自治体と言われていた時には国と闘う首長はいっぱいいたんですよね（笑）。なのになんでこの分権と言われている時代にそういう勇気のある首長が出てこないのか？　とても情けないです。何とか第二、第三の杉並を出そうということで、頑張っているところです。

また、私たちは実は地道な作業をやっています。法律を施行するためには政令とか省令とかいっぱい出さなければいけないんですね。というのは改正法だけでは、具体的に実施できない問題がいっぱいあります。この作業と全国ネットワークのシステムを作っている地方自治情報センターという財団が作ってるものと、もともとの国会審議の中身にずいぶんズレがあるんです。私たちから見ると「ウソついてるな」ということなんです。ようするに国会で「コレは大丈夫」「アレは大丈夫です」と言っていた事が、実際にはそうじゃないわけですね。この矛盾を突くというような作業をやっています。もしかしたら来年（二〇〇二年）八月の本格実施がずれ込む可能性もあるんですね。それは何故かと言うと、かなり無理なシステムを作っているという事なんです。ということで、なんとかこれからでもこの改正住基法についてはとりあえず凍結をしろ、ということをやっていきたい。それからこれは主に民主党なんですけれども、一度廃止法案を出していますが、近々また出すのではないかと思います。廃止法案を出してすんなり参議院選挙で勝ってという事になるかどうかは、そんな単純じゃないとは思いますけども、ともかく廃止法案を出してもらってなおかつ法案の矛盾点を色々ついていきながら、私たちの運動をやっていきたいと思います。

最後になりますが、利便性だとか便利論を具体的にどうやって会場の外を歩いている若い人達にどういうふうに伝えていけるのかということが、これはマスコミ対策も含めて大事だと思っています。後段で出てくるＮシステムもそうですけど、国家の安全、社会の安全、今色々事件が起こって治安が悪いとか安全・安心社会を作るというもう一つの流れに対する闘いでもあると思うんです。

その「安全」「安心」の中身は何なのか、私たちなりの究明が必要だと思います。じゃあどういうような運動を創っていけるのかということになろうかと思います。

それから最後にちょっとだけ宣伝させて下さい。お隣りの韓国で国民登録制度は三〇年間続いていますけれども、日本で今度導入されるＩＣカードについては韓国では反対運動で潰したんですね。知るきっかけになったのは、ＪＣＡネットの皆さんからの情報提供でしたが、実際に私達が韓国に行って韓国の市民団体と交流をして翻訳した冊子があります。それから改正住民基本台帳法のかなり真面目な批判的逐条解説です。それに私達と一緒に運動をやっているプライバシーインターナショナルジャパンが年に四回ほどニュースを出しています。また、私達が二二年前から発行しつづけている『反コンピュータ通信』というニュースもあります。これまでこういうものに触れた事の無い方はぜひご覧になって頂ければと思います。

参考図書

1、記録・報告集『コンピュータカードによる国民監視を拒否した韓国の市民運動』国民総背番号制反対共同アピールを進める会刊、一二〇〇円、東京都新宿区愛住町３番地貴雲閣108　FAX03-5269-0944　Ｅメール shiratlk@jcom.home.ne.jp

2、『私たちは指紋押捺を拒否する』同右、五〇〇円

3、『ＣＮＮニューズ』ＰＪＩ（プライバシー・インターナショナル・ジャパン）刊、年四回、年間購読三〇〇〇円。東京都豊島区西池袋3―25―15―10階　TEL&FAX03-3985-4590

4、『反コンピュータ通信』（月刊）コンピュータ合理化研究会刊、年間購読二〇〇〇円、連絡先は1と同じ。

監視社会の実態

Nシステム

浜島　望
村木一郎

Nシステムの現状（浜島望）

Nシステムは、すでにご存知の方が多いと思いますが、やはりまだ正確な報道が少ないと思います。そこで、とりあえずNシステム（体制）の現状というか概論的なことを述べたいと思います（法的なことは、この後の村木一郎弁護士にお願いしたいと思います）。

まず、Nシステムとは資料中の「写真集」にあるようないろんなタイプの端末はありますが（資料リスト・Nシステムニュース（一八号）・Nシステム写真集（平成九年度版））道路をまたいで設置されており、自動車のナンバーを自動的に読みとり、手配車両を探している、というように報道されていると思います。もう少しつけ加えますと、Nシステムという「システム」のうち、私たちがふつう見ることができるのは、道路にあるアーチや、ビデオカメラや赤外線投光器、コンピュータなどを納めた金属の箱などですが、Nシステム全体は、このような路上「端末」をいくつも県警本部が束ねている上に、「照合装置」という大型コンピューターに各端末からの全ナンバー・データを集めています。

図A　Nシステム概念図

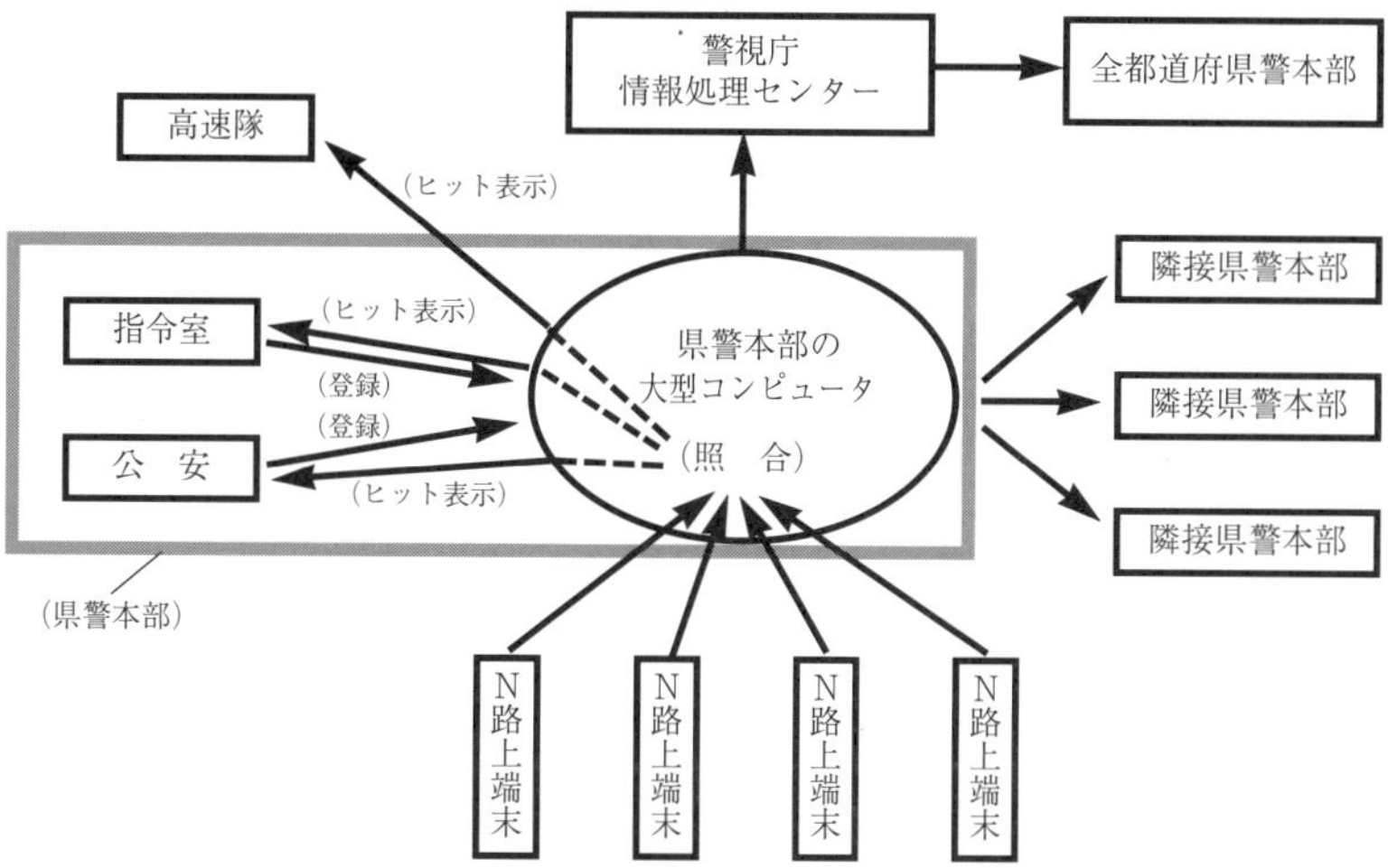

また各県警や警察庁ともオンラインになっている大きなネットワークです（図A）。

Nシステムの本来の目的は、「手配車両」（主として盗難車両）の通行を発見し、即検挙することであったはずで、一九八六年ごろそのように新聞発表もされました。しかし、実際に発見してすぐ検挙するためには、係官を二四時間待機させねばならず、N端末が増加するに従って事実上ムリになります。そして、現在では各県警本部の照合装置によって、手配ナンバーと各端末がキャッチしたナンバーとが一致し、つまり手配車両が発見（「ヒット」という）されてもほとんど即検挙はされません。各端末から送り込まれる通過車輌のナンバー・データはどうなるのかというと、（以前は「すぐ消す」といっていたが）一定期間保存してあるのです。手配に関係ないナンバーまで、すべて保存され、一方では、「ヒット」していても検挙しない、ということになっています。検挙率とN端末の数の関係は資料中のグラフ（グラフⅠ）で一目瞭然です。

N端末の数は当局によっても全国五四〇か所、私たちのウォッチによれば約七〇〇か所にのぼります（マップⅠ）。この両者の差は、主に、見かけはN端末と全く識別不能の「県警予算による」端末があるためと思われます。

Nシステムの目的は、このように当初と変わってしまっていて、刑事警察というより「公安警察」の情報収集の道具となっています。それはオウム事件のすぐあとに一挙に二倍以上の端末数になり、オウム車両を検問するために大活躍したことで分かります。また警察の出している『月刊交通』という雑誌の中で、このNシステムを中心とする道路上の監視カメラ網を「新治安インフラ構築に積極的に期待される」と言っていて、公安ツールであることは明らかです。そして、オウム事件以降五年間、この監視網、具体的には端末数と地域的な分布ですが増えつ

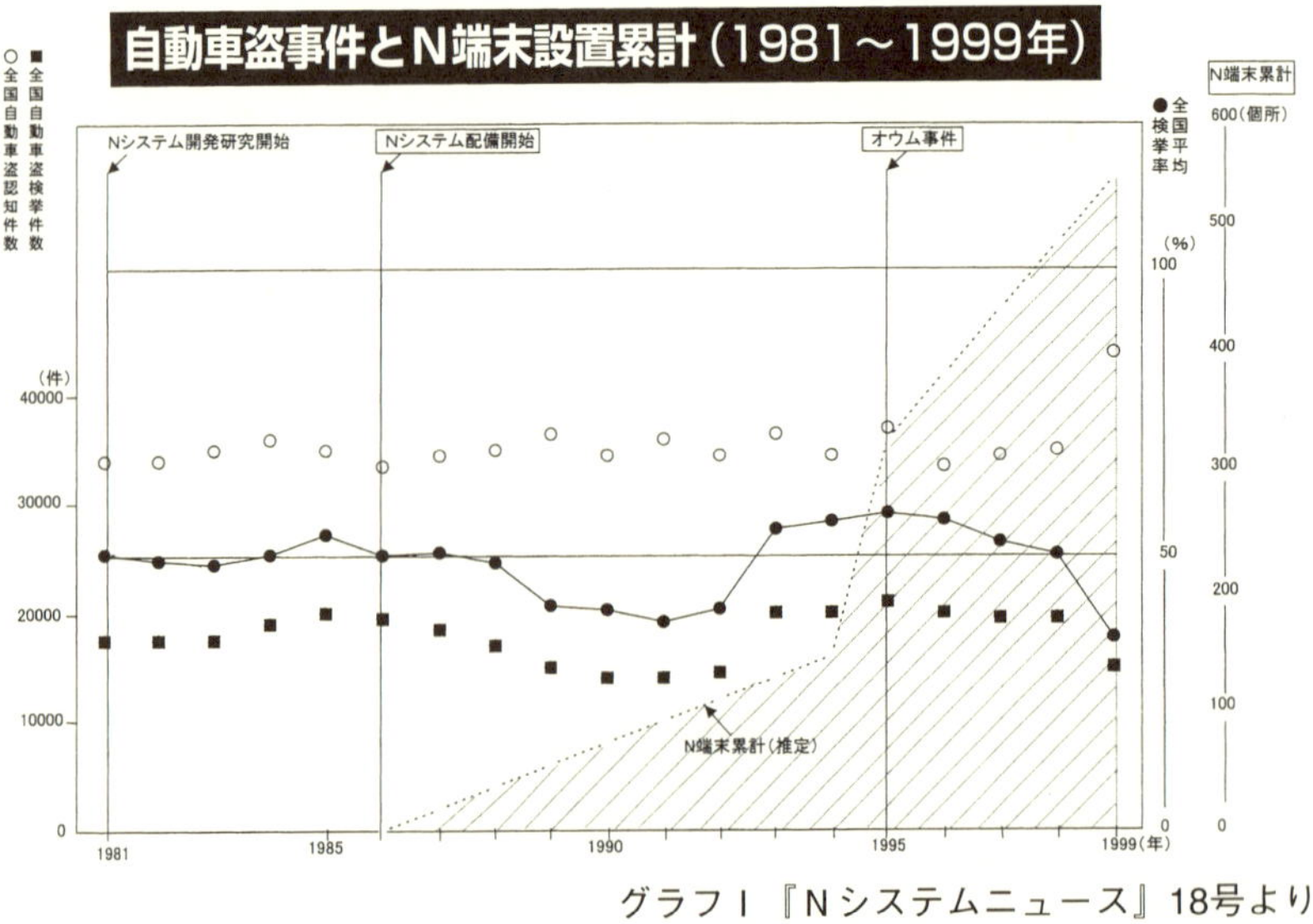

グラフⅠ『Nシステムニュース』18号より

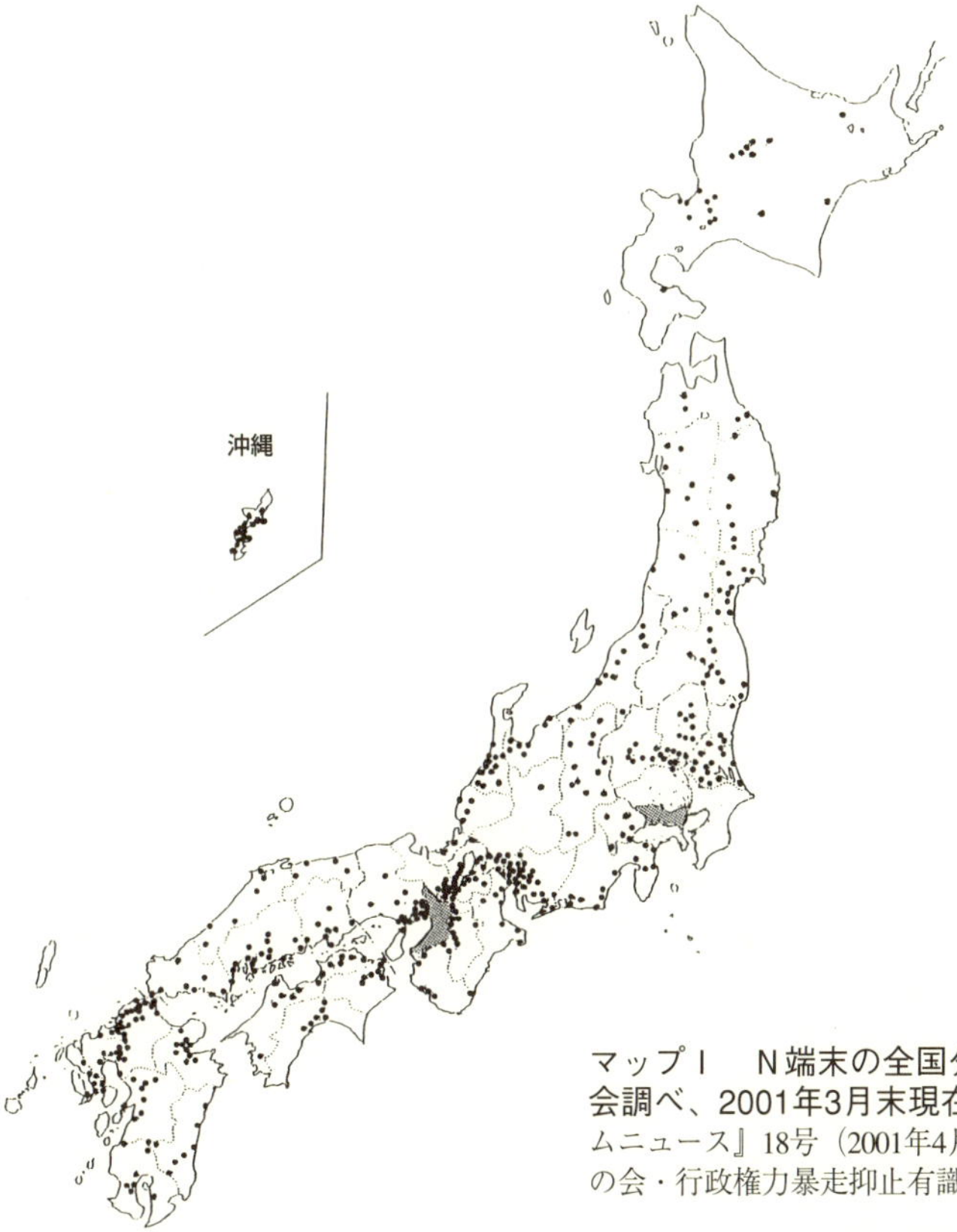

マップⅠ　N端末の全国分布（一矢の会調べ、2001年3月末現在）『Nシステムニュース』18号（2001年4月）より（一矢の会・行政権力暴走抑止有識者機構刊）

づけてきました。

　このNシステムの歴史を振り返ってみると、初期には、刑事「捜査」を主目的として開発・導入されたのでしょうが、それは現実的ではないことが分かって、公安的「監視」目的の方に重点が移って行ったものと推測されます。また、その移行期と思われる、一九九一～九五年は、道路交通行政上でも大きな転換期に当っていまして、「第5次交通安全施設等整備五ケ年計画」（いわゆる「5次五計」）その他に基づき、道路上に多くの目新しい施設が現れています。中でも交通取締り関係のハイ

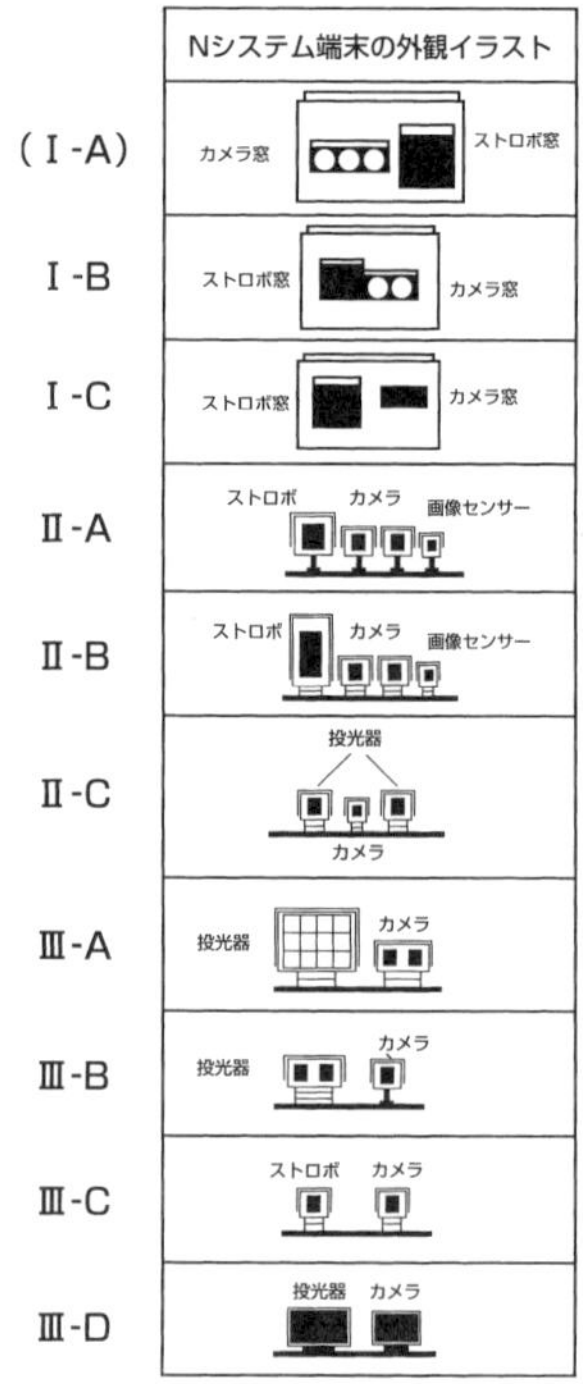

図B

テク器材・設備が急増しまして、結果的にNシステム端末その他の「危険」な機器を、目立たなくしてしまったことが指摘されます。Nや交通監視用テレビカメラと、高速道路料金所の何種類も見かけられるカメラとは運用主体も違うのに、混同されていますし、速度取締り用の「オービス」や「Hシステム（高速走行抑止システム）」それから旅行時間計測システム（Tシステム）は多くのドライバにとって判別されていません（写真1〜8参照）。

それらの識別方法を、ここで詳しく述べるわけにはいきませんが、とりあえずすべてのNシステムの路上端末のタイプをイラストに示してありますので、参考になさってください。各イラストに付記した名称は、警察が発表しないので私たちが便宜上つけたものです（警察はN－1とかいった名前で呼んでいるようです）。（図B）

この中、「I－A」には（　）をつけてありますが、それは九八年初めごろいっせいに撤去され「III－A」タイプのものに交換されたからです。つまり、もう路上には見られません。

また、「I－B」は、資料の中の「表」の「第I世代　一般道」の欄の合計つまり六八か所ほどが設置されたわけですが、いまでも活躍しており、例えば東京都内なら二八か所で見られます（図C）。大きなキャビネットが大きなアーチの上、各車線に一つ並んでいるので、すぐ見つかるはずです。

写真1 Nシステム（II-B）端末（東京）

写真4 積載違反監視カメラ（建設省）（宮城）

写真2 交通監視用カメラ（熊本）

写真5 オービスIII（長野）

写真3 高速料金所の（自動発券機用）カメラ（東北道）

写真6 Hシステム（沖縄）

写真7 Tシステム（旧型）（東京）

写真8 Tシステム（新型）（東京）

「Ⅰ－C」は高速道路（都市高速除く）専用で二〇か所（表ではⅠ－Cのほか料金所のもの七か所を含む）です。

第Ⅱ世代では仕様が大きく変わり、まず、アーチの前方一五～二〇mのところに設けていた「車両検出器」というのを省きましてアーチ上の撮影部に、「画像センサ」に当るテレビカメラを加えます。これは「Ⅱ－C」では撮像カメラと一体化しているようです。また、第Ⅰ世代では大きなキャビネットの中にカメラとストロボとが同居していましたが、これらを分離して、小型キャビネットとしてアーチ上に並べました（図D）。要は目立たなくするためでしょう。ストロボは最初から赤外線ストロボなので、肉眼では発光しても分かりません。

ただ、「Ⅱ－C」では、赤外線投光器をカメラの左右に一ヶずつとりつけたのと、それぞれのストロボが車両が近づいていなくても常時「明滅」しているという特徴があり、これは次世代の「Ⅲ－A」、「Ⅲ－B」、「Ⅲ－D」に引きつがれました。「Ⅱ－C」のストロボを家庭用ビデオカメラで拡大撮影してみますと、光っているのは通常の「ランプ」ではなく、多数の小発光体（おそらく赤外線LED）です。なお、ビデオのCCDは、赤外線にも感度を持っているので、やや赤白く光って見え

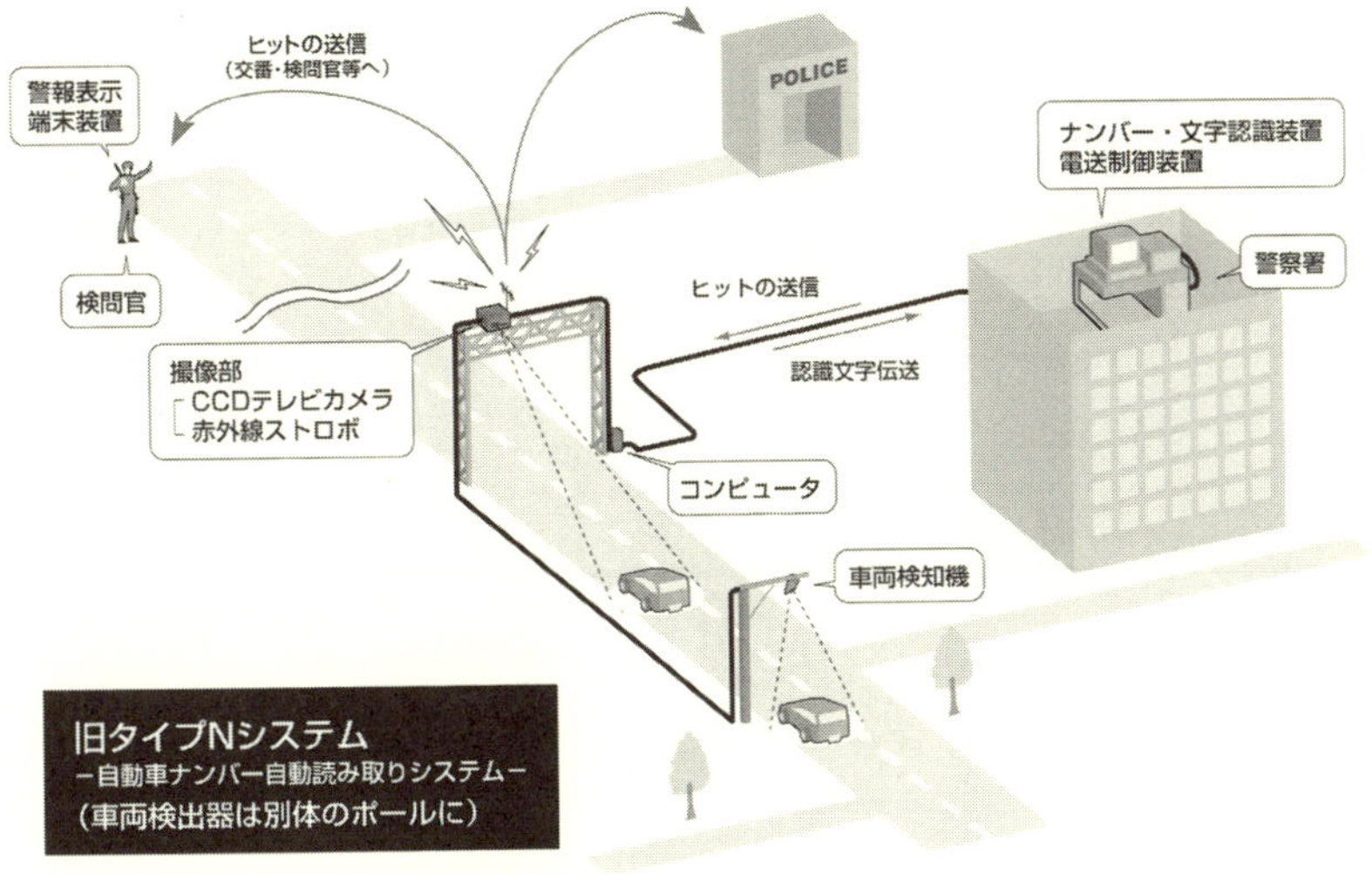
ヒットの送信
(交番・検問官等へ)
POLICE
警報表示
端末装置
ナンバー・文字認識装置
電送制御装置
警察署
検問官
ヒットの送信
撮像部
CCDテレビカメラ
赤外線ストロボ
認識文字伝送
コンピュータ
車両検知機
旧タイプNシステム
ー自動車ナンバー自動読み取りシステムー
(車両検出器は別体のポールに)

図C

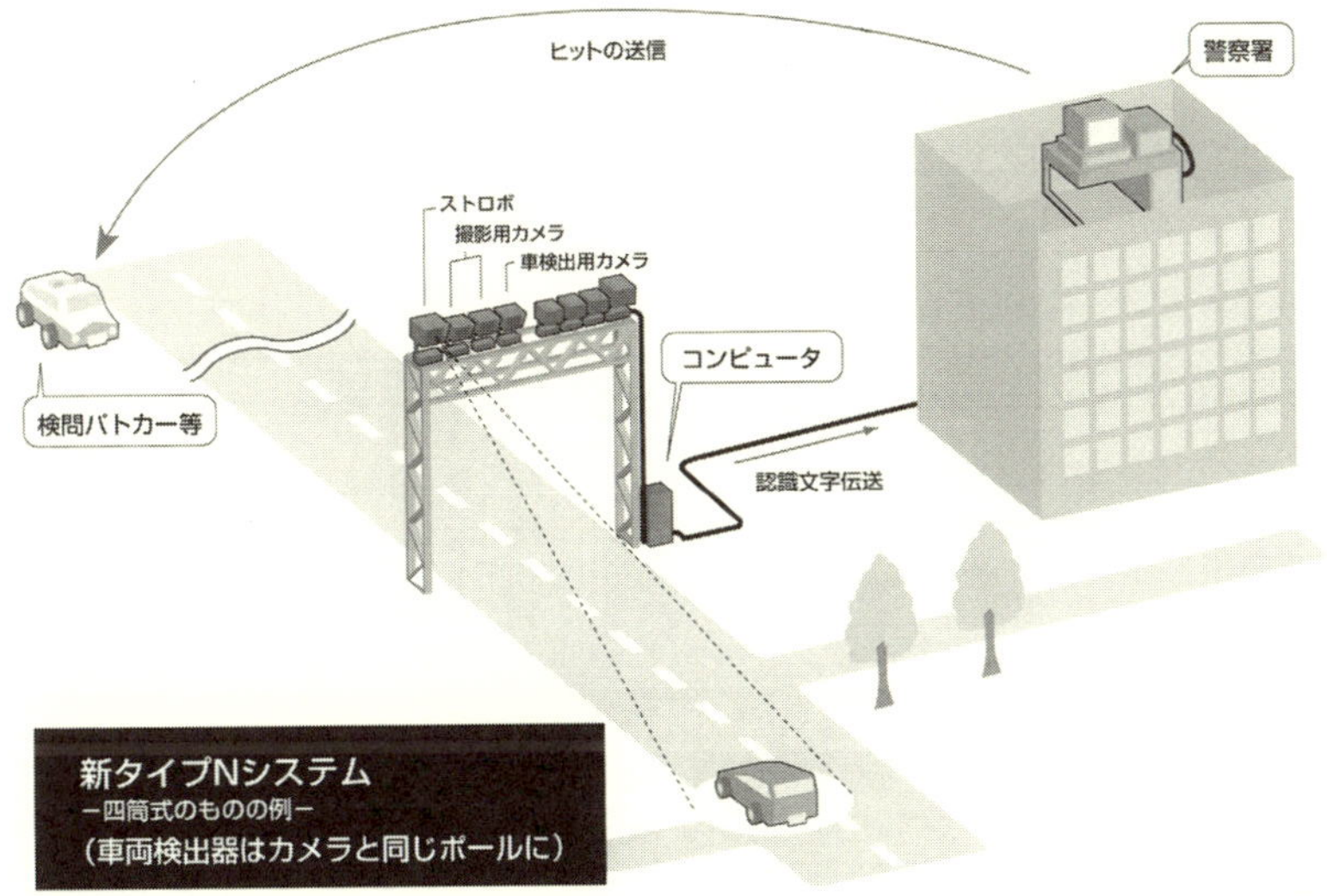
ヒットの送信
警察署
ストロボ
撮影用カメラ
車検出用カメラ
コンピュータ
検問パトカー等
認識文字伝送
新タイプNシステム
ー四筒式のものの例ー
(車両検出器はカメラと同じポールに)

図D

Nシステム端末の分布（東日本）

＜一矢の会　調べ＞　（'01. 3. 31現在）

管区（警察庁）	行政区（都道府県）	N総数（個所）	第Ⅰ世代（0世代含）一般道	第Ⅰ世代（0世代含）高速道	第Ⅱ世代 A 一般道	第Ⅱ世代 A 高速道	第Ⅱ世代 B 一般道	第Ⅱ世代 B 高速道	第Ⅱ世代 C 一般道	第Ⅱ世代 C 高速道	第Ⅲ世代 A 一般道	第Ⅲ世代 A 高速道	第Ⅲ世代 B 一般道	第Ⅲ世代 B 高速道	第Ⅲ世代 C 一般道	第Ⅲ世代 C 高速道	第Ⅲ世代 D 一般道	第Ⅲ世代 D 高速道
20	1）北海道	20（4）				3			7				3			1	6	
東北 46	2）青森	5（2）				2							3					
	3）岩手	6（2）			1	1		1			1				2			
	4）宮城	11（1）		1	2		4		2		1						1	
	5）秋田	7（1）				1			1		2				2		1	
	6）山形	5（1）				1			1		2						1	
	7）福島	12（3）				1	5	1					4			1		
100	8）東京	100（15）	16+⑫	[3+③]	11		11		7	8	12+⑧		8			1		
関東 190	9）茨城	17（3）			1	1	4	2	3		3		2		1			
	10）栃木	14（3）		1	1		4	1	1		1		4			1		
	11）群馬	14（2）			1	②	3		1		1+②		2				2	
	12）埼玉	34（9）	3	[1]	2+②	3	4	1	2		6+②		4			2+②		
	13）千葉	38（10）	10+⑥		1	4	5+②	1					3	②		③	1	
	14）神奈川	30（8）	3	1	1	3	7		5	1			3		2	3	1	
	15）新潟	11（4）				1		2	1		3		1		1	1	1	
	16）山梨	6（2）		1		1			2		1		1					
	17）長野	13（4）		1		3			2		5		1		1			
	18）静岡	13（2）		1	2	1	4		1				4					
中部 67	19）富山	7（1）				1			1		1		3				1	
	20）石川	12（3）			1	2			1		2		5			1		
	21）福井	7（1）				1					6							
	22）岐阜	6（1）					1		2		1		1			1		
	23）愛知	28（7）		3	1	1	2	1	5※1+②		2		7		1	2	1	
	24）三重	7（3）		1		1			1		1		2			1		
（小計）		423（92）	50	17	27	34	56	10	48	9	63	0	61	2	10	20	16	0

凡例：
（　）は高速道のものの合計
○　は一方向対応の端末
□　は料金所の0端末

※1は変型端末を含む

Nシステム端末の分布（西日本）

＜一矢の会　調べ＞　（'01. 3. 31現在）

管区（警察庁）	行政区（都道府県）	N総数（個所）	第Ⅰ世代（0世代含）		第Ⅱ世代 A		第Ⅱ世代 B		第Ⅱ世代 C		第Ⅲ世代 A		第Ⅲ世代 B		第Ⅲ世代 C		第Ⅲ世代 D	
			一般道	高速道	一般道	高速道	一般道	高速道	一般道	高速道	一般道	高速道	一般道	高速道	一般道	高速道	一般道	高速道
	25）滋　賀	14（4）		1	1	3	2		1		3		3					
近	26）京　都	12（1）	2	1	1		4				2		②					
	27）大　阪	47（10）	6+⑥	②	2	7	2		9+②		2		2+⑥			1		
畿	28）兵　庫	20（9）	1	1		3	2+②	②	1		1+②		2			3		
	29）奈　良	8（4）		1		2	1		2				1			1		
109	30）和歌山	8（1）			3	1	1		1		1				1			
中	31）鳥　取	5（1）				1			1		3							
	32）島　根	6（1）						1	2		2		1					
	33）岡　山	10（6）		1		3					3		1			2		
国	34）広　島	15（5）	2		1	2		1	1		5				1	2		
45	35）山　口	9（2）	1	1			3	1			1		1		1			
四	36）徳　島	6（1）			1			1	2				2					
	37）香　川	8（1）							2		2+①		2			1		
国	38）愛　媛	7（2）				1			2		1		1			1	1	
27	39）高　知	6（1）				1			1		1		1		2			
	40）福　岡	30（10）		②	2	②	7	1	2	1	2		2		2+②	4	1	
九	41）佐　賀	9（3）				②	2				1+①		1	1	1			
	42）長　崎	7（2）				1		1	1				2		2			
	43）熊　本	8（2）				1		1	2		2		2					
	44）大　分	10（3）				③			②		2		2		1			
	45）宮　崎	8（2）				②			3		1		1		1			
州	46）鹿児島	7（2）				①	3				1					1	1	
92	47）沖　縄	13（1）							②		4+②		3		1	1		
（小計）		274（74）	18	10	11	36	29	9	39	1	46	0	38	1	15	17	3	0
合計		697（166）	68	27	38	70	85	19	87	10	109	0	99	3	25	37	19	0
			95（4+③）		108		104		97		109		102		62		19	

凡例：
（　）は高速道のものの合計
○　は一方向対応の端末
□　は料金所の0世代端末

ます。この性質が、闇夜の夜行動物を観察するなどに利用されます（ただ通常のビデオでは赤外線フィルタをかけて、画質劣化を防いでいるので、いい条件でないと、Nのストロボの観察は容易とは言えませんが）。

問題なのは、第Ⅲ世代のこれら一五ヘルツとか三〇ヘルツの「明滅」タイプ照明が、道路方向一〇メートル以上にわたる広い範囲を照らしているため、この中を通行する車両は運転席・助手席をふくめ、数回以上照らし出され（撮影され）るという点です。これは「動画撮影」方式を採用したときから分かっていることですが、警察は「画像はいっさい（人の目にふれる前に）自動的に消去される」と言っています。ただ、そのことを保障するような資料は一切出しません。

いずれにせよ、Nシステムをずっと監察してきた私たちから見ると、警察は批判が弱いのをいいことにNの性能をどんどん向上させ、端末の数をどんどん増やして、ドライバーの監視を拡げ強めていることが実感されるのです。

Nシステム国賠訴訟について（村木一郎）

埼玉弁護士会の村木一郎と申します。今回のNシステムの原告の一人で国に一〇〇万円を要求しましたが、あっさりと棄却されました。その他の原告の代理人もさせて頂いてます。今日のいろいろなテーマを見ますと、Nシステムというのは一番地味な存在だろうと思います。実は弁護士会でもNシステムに関っている弁護士は二人ぐらいしかいません。そのうちの私が一人です。かなりプライバシーに直結する問題なんですが、ものすごく関心をもらえていないテーマです。

他の人権侵害や情報通信の分野に比べて、この国の権力者からの情報開示がありません。その一つが、実は浜島さんは控えめな方ですので先程あっさり流してしまいましたが、六九三ヶ所、端末があるというデータを発表しました。じつはこのうちの一ヶ所も国は発表しておりません。ここの浜島さんが一人で六九三ヶ所を歩いてチェックした非常に貴重なデータなんです。実はNシステムなんていうのは見れば分かるんですよね。そこらへんにもありますし。幹線道路には全部あります。そこにあるのがNシステムかどうかということすら警察を含めて誰も答えません。

Nシステムが効果を発揮したといういくつかのおおきな刑事事件があります。例えば富士銀行の専務が殺された事件とか、福岡の美容師の方が殺された事件（これは実際はTシステム）とか、埼玉県で行田のペットショップの女が自分の店の関係者を四人殺された事件とか。実は私は殺された四人のうちの一人の主任弁護人なんですが、Nシステムに共犯者の一人が運転するメルセデスベンツが通過したのが記録されている可能性がありまして、時刻、日時が分かりますと、検察の描いている図がかなり変わる可能性のある事件でした。それで県警本部の捜査主任官を法廷で尋問した時に、Nシステムのことも問うんですが、それまではかなり捜査の中身にまで突っ込んで答える県警本部が、Nシステムの「エ」の字を聞いた途端に「一切答えません」と法廷で明言するんですね。なぜ答えられないのかと問うと「上司から言われています」。その人は警視という肩書きを持っている方ですから、上司と言うともっと上から言われている。つまり一切そこで証言を拒否する事になりました。後で刑事訴訟法の一六〇条あたりを見ていただくと分かりますが、公務員が職務上知った事については証言を拒否できます。ただしその場合拒否できるのは、重大な国益に反するとか国の治安を根本から破壊するような場合に限って証言を拒否できるということでした。ここで私は裁判所を通じて、証言を許して下さいと県警本部長当ての許可を求めたところ、県警本部長の名前で「証言はまかりならん」。Ｎシステムの設置場所はそれが分かると自動車泥棒がそれを回避して知ってしまい国の治安を損ねる、と堂々と書いてきたんです。

ちょっと考えて欲しいんです。プライバシーの問題とか人権の問題とは恐らく想像力の問題だろうと思います。実際に自分は体験していないけれどもどうだろうかと言う健全な想像力だと思います。いたる所に交番がありますね。交番の場所を教えると国益に反するのでしょうか（笑）。泥坊さんは恐らく逃走経路からそこを外すでしょう。でも恐らく交番の場所を聞いた時にその場所を一切秘匿するなんてありえない。ところがＮシステムだけは絶対に教えないです。予算も一切秘匿されています。どういうことをしているかもわかりませんでした。

そこで、私たちは、名前を聞くと、みなさん笑ってしまうかもしれませんが、行政権力暴走抑止有識者機構、よくこんな名前を考えたもんだと思いますが、そういう団体をこさえまして、Ｎシステムというのは、実は、恐ろしい危険性をはらむ機械ですよということで、自民党から共産党まで国会議員の方にもいろんな冊子を送りましたが、反応は全くありませんでした。

そこで、日常的に車を運転している人が中心になりまして、東京の桜田門の警察庁に私の、私だったら村木一郎のナンバーの車の、国で蓄積しているＮシステムのデータがどういうものか知りたいのでデータをぜひ教えてください、という情報の開示を求めました。これは、全国で二三〇人の方の委任状をいただいて、一括して請求したのですが、それも、一切答えない。

それで、一九九八年に提訴してNシステムの裁判になりました。結論から言いますと、今年（二〇〇一年）の二月六日にぼろ負けで負けました。結論は負けました。ただ、判決理由では後でちょっと触れますが、これからの運動のとっかかりになりそうなことは裁判所も認めてくれていました。Nシステムで情報を蓄積することは何ら違法じゃないということを当然のように言いました。

簡単に言いますと、大きく分けると理由は二つなんです。自動車のナンバーは法律上、車の前と後につけなきゃあかん。つまり、車についてはすでに背番号制が徹底しているわけです。しかも、それを世間にさらして走らなきゃいけないという制度になっておりますので、それをお上が律儀に撮ったところで何の問題があるのか。乱暴に言うとこういうことです。もっと、国の代理人たちは偉い人たちが多いから、格調の高い文書ですが、かみ砕いて言うとそういうことです。

もう一つは今のに関係しています。ナンバーだけを撮っているのだから何が問題かと。どういうことかと言いますと、先ほど浜島さんが指摘したNシステムの端末なんですが、見てみると何だ箱があるんだ、と思います。この中でビデオカメラでナイトショット機能付き、赤外線を関知する機能を持っている方は、ぜひ夜にカメラを持ってNシステムの端末に向かってファインダーを覗くだけで結構です。たまげます。どういうことかと言いますと、赤外線のストロボが、ストロボといいますと、カメラのストロボみたいにピシャピシャと閃光がはしっているだけだと思えがちです。ところが、最新式のNシステムの端末は連続照射になっています。つまり、赤外線のストロボのかなり強い光が広範囲にわたたって、例えば、適切かどうかわかりませんが、上からシャワーを浴びせているような状態で、光が降り注いでいます。これが私たちの推測では、単にナンバーのところを撮すだけであれば、そんなにシャワーを浴びせる必要はないだろうと思います。これも、健全な想像力を働かせばわかると思います。どういう人が車の中にいるのか。やっぱり権力は知りたいんです。ナンバーももちろん貴重な材料ですけれども、そこに菅直人が乗っているかもしれない。脇にはキャスターが乗っているかもしれない。そういうことを知りたい。それは人情かもしれない。というわけで、最新式のNシステムは、たぶんナンバーだけでなく、中の人の容貌までも勝手に撮っているんじゃないか、というテーマを挙げて、国のほうはナンバーだけしか撮っていなくて、画像は撮っていない。もし、撮っているというなら証拠を出してみろと言われたんです。先ほど申し上げたとおり、このNシステムは徹底して情報管理されているために、私たちは泥棒をはたらいて情報を盗み取らない限りは証拠がありません。

ということで、国は今申し上げた二つの主張を申し立てて、裁判所は結論から言いますと、ナンバーを単純に撮るだけなら、まだまだプライバシーの侵害には当たらない。また、容貌を撮っているかどうかは証拠がない、と言われました。これは、今の民事訴訟を前提とするとそうなってしまうんですが、裁判所は単に紋切りで私たちの請求を切らなかったのです。そこが、私たち唯一、救いだったことでした。どういうことかと言いますと、国の主張に見え隠れしている中に、渋谷の近くの山手通りでも良いです。そこを通過した車のナンバーを撮影したとしても何が問題だ、と言わんばかりです。そこだけ考えれば、何も悪いことしていないし、ナンバーはつけなきゃいけないんだし、と思いがちです。ところがNシステムの端末が全国に一ヶ所にしかなければ今のような感覚でもいいのかもしれません。しかし、全国で六九〇ヶ所です。東京だけで言いますとものすごい数のNシステムの端末になります。そこを場所と時間というデータを入れて、ある特定のナンバーというキーワードを入れると、そこからは人の行動という、つまり、ナンバーだけではわからない情報を収集することが可能になります。

私事ですが、私、自宅が駒込にあります。そして、事務所は埼玉ですので、普段は一二二号から埼玉のほうに向けてNシステムの下を律儀に通過して、事務所に行ったり、東京の裁判所に来たりします。今日は、山手通りを抜けて渋谷に来ました。例えば、私のナンバーは国にばれていて、しかも、監視対象に入っているだろうと思います。そうしますと今までは律儀に埼玉に行っていたな、あるいは霞ヶ関に行っていたな。ところが、どうも五月六日の午後に渋谷のほうに行ったな、という情報が何ヶ所かのNを通過するだけで把握することができる。そうすると、私の普段の行動と違うところを私が通ったというのがだいたいわかる。これは個人の日取りだけを捉えるだけじゃなく、一つの組織や、政府の人たちが使っている車のナンバーの情報だけを持っただけで、かなりその一定のグループの人たちの行動パターンや動きを正確に把握することが可能になる。

国はナンバーの情報は一定期間は保存するが、後は捨てると裁判の中で主張しました。しかし、いつ捨てるのか、どうやって捨てるのかということは一切言っていない。考えてみてください。デジタル情報を蓄積するのは極めてローコストにできます。しかも、全国に張り巡らしたNシステムの膨大なデータはこれは宝の山ですが、捨てようとかは普通は思いません。私が権力者だったら、絶対に捨てません。これはずっと蓄えていろんなところで使う。つまり、一定期間で捨てるということも立証されていない。言い方を変えれば、日々、今、こうやって私がしゃべった二〇分ほどの間にも、全国で膨大な数のNシステムの情報が国のほうにどんどん集約されていく。恐ろしいのは、そういうのがどういうふうに行われているのか、という情報が全く ありません。

盗聴法は曲がりなりにも国会での議論がありました。反対をする意見も言うことができました。Nシステムは、そもそもNシステムをこういうことをやりますよ、という相談をこの国から受けたことは私はないです。おそらく皆さんもないと思います。国会でこのNシステムについては全く議論されていません。こういうシステムを置くこと、予算も、それをどうやって活用することも、一切、民主的な手続きを全く経ないまま、気がついたらこんなざまになっていたというのがNシステムです。

Nシステムの訴訟はプライバシー権の問題として私たちは打ち出しました。ただし、プライバシーだけの問題にとどまらないと思います。しかも、今の裁判制度だけを前提とすれば、それは最高裁に行っても負けると思います。ただ、こういうきっかけの中で、少しずつでも関心を持っていただいて、いろんな分野でこの問題を捉えていただきたいと思います。私たちを負かせた東京地方裁判所民事四八部の三人の裁判官は、Nシステムの恐ろしさについて、裁判官なりの想像力を働かせた箇所があります。判決文の中で、こういう認定をしてくださいました。仮に、Nシステムの端末が道路上のいたる所に張りめぐらされ、そこから得られる大量の情報が、集積、保存される事態が生じれば、運転者の行動や私生活の内容を相当程度、詳細に推測しうる情報となり、原告らの主張するような国民の行動に関する監視の問題すら生じる。それは裁判所の判決の中で認定した箇所です。

今、六九〇ヶ所、Nシステムの端末があります。このNシステムの訴訟はわずか三年前に起こしました。そのときはまだ四〇〇ヶ所ぐらいだったはずです。続々と増えていきます。これは私だけの推測なんですが、今、Nシステムは道路の上にものすごく大きいアーチ状にすごく目立つように置いてあります。これからNシステムへの関心は、一般の市民の方たちからも増えてくると思います。そうすると一定程度、情報の開示というのは行われるだろうと思います。どうなるかというと、目立たないNシステムがどんどん増えてくるのではないかと。技術革新は小型化というのが一つの目的です。今のNシステムは国の立場からしても、やりたくてもおそらくあそこまでしかできない。つまり、あの大きさが今のところギリギリだろうと思うんです。しかし、より設置方法や、カメラの精度、あるいは照射方法の精度など高めていけば、もっと小型に、簡単に言うと、目立たないように、街路樹か何かに埋めといて設置するようなNシステムは物理的には可能だろうと思います。そういう意味で、気がついたときに、家の前にそれぞれNシステムがあるような世の中になる前に、ぜひ、少しでも結構ですので、関心を持っていただきたいと思います。

なかなかしんどい闘いをしておりますが、浜島さん含めて、数少ない中で、えっちらおっちらしております。二年前には浜島さんと二人で東海～北陸を二人、車で一泊二日一三〇〇キロの旅をしまして、Nシステムの端末を逐一撮影してきました。そういうのも、いつかこういうのがなくなって、昔はこんな馬鹿な活動している弁護士もいたな、という話で終わってほしいという願いをこめつつ終わります。ぜひ、関心を侍ってください。

ハイテク監視技術

バイオメトリックス、ICカード、遺伝子解析研究

粥川　準二

本日は　バイオメトリックスやICカードなどハイテク監視技術について簡単にお話させていただきたいと思います。また、バイオテクノロジーの問題をここ五年ぐらいずっと取材している中で、プライバシーの問題と絡む部分がありましたので、そのこともバイオメトリックスやICカードの問題とも絡めながら簡単にお話ししたいと思います。

バイオメトリックスとは何か？

バイオメトリックスとは何かと申しますと、「生体認証」と訳されていますように、私たちの体を対象にした個人認証の手段です。個人認証、つまり個人を特定するうえで確認すべきことは、大きく分けて三種類あります。英語で言うと、第一にsomething you have、第二にsomething you know、第三にsomething you are。つまり、所有しているもの、知っているもの、そして本人の特徴です。something you have（所有しているもの）は、一番簡単なものですと、鍵やICカードのようなものです。これは欠点として――業界側の言い分ですけど――紛失する可能性があります。次にsomething you know（知っているもの）は、私たちになじみ深いもので言いますと、自転車などのダイヤル錠だとか、コンピュータで使うパスワード、銀行のカードなどで使われる暗証番号ですね。これらは業界側の言い分では、忘れる可能性がある。確かに、パスワードなんかはつい誕生日とかにしてしまって、盗まれやすいという問題もあると思いますし、一人でいくつも持っていて忘れてしまうこともある。私も経験があります。バイオメトリックスは、第三のsomething you are（あなたであること＝本人の特徴）です。バイオメトリックスを進めたがっている人たちが、バイオメトリックスにはどういう特徴があると言っているかというと、本人しか持ち得ないこと、忘れたり、紛失したりすることがあり得ないこと、ということです。

でも実際には、たとえば指紋ですと、人口の一割ぐらいの人、たとえばずっと水仕事をしている人や、農業に従事している人などのなかには、指紋が薄くなって指紋認証が使えない人もいるそうです。それから、偽造が難しいことも特徴としてあげています。しかし偽造というのも、いまのところ難しいだろう、と言われているだけです。『日本経済新聞』で報道されましたが、石膏で型を取り、合成樹脂でつくった人工の指で指紋認証の機械を試してみたら、みごと通ってしまったという実験結果もあるようです。

余談ですが、アーノルド・シュワルツネッガー主演の『６ｄ（シックスデイ）』というの映画では、主人公が敵の手首をちょん切って、その指の指紋を使って、認識装置を騙すシーンもありました。

では、現在さらにどのような種類のバイオメトリックス技術の研究開発が進んでいるかと言いますと、それも、先ほどの斉藤貴男さんの話にありましたけども、まずは指紋があります。ずいぶん昔から警察捜査に使われています。それから手形、顔、網膜、虹彩、声、署名、サインの筆跡などで認証するという研究が進んでいるようです。それから、掌紋。占いで寿命とか運勢を見るのに使う、いわゆる手相ですね。耳のかたちなんていうのもあります。また、キーストロークと言いまして、キーを打つ力や速さみたいなものでもできるそうです。変わったところでは、「歩き方」というのも開発されています。

これをバイオメトリックスと言ってよいのかわかりませんが、DNAによる認証というものもあります。

最も問題なのは顔認識

どういうところで普及が開始されているのか私が知っている限りで、簡単に紹介します。たとえば指紋ですと、秋葉原などのコンピュータ店に行くと、オムロンがつくった「指パス」という商品が売られています。一万円ぐらいで買えます。パソコンのログインなどのときの認証に使うものです。一部では、eコマース（電子商取引）に、これを使うということを、試験的に開始している企業もあります。たとえば、住友VISAがオムロンと協力して試験的にやり始めているものがあります。

それから入退室管理。研究所など、企業にとって本当に重要な情報がある場所の入退室の管理ですね。僕が直接見た例でおもしろかったのは、「J—TEC」（ジャパン・ティッシュ・エンジニアリング、ジェイテック）という日本で最初に人工皮膚を開発した会社が愛知県蒲郡郡にありますが、そこで使われている入退室管理システムです。この会社が扱っているのは、人工皮膚といってもプラスチックなどではなくて、口腔粘膜や皮膚など、ヒトから採った細胞を培養してつくった皮膚です。ドナー（提供者）から集めた細胞とその個人情報などが保管してある部屋の出入り口が、バイオメトリックス（指紋認証）で管理されていました。

指紋は犯罪捜査でも使われていますが、アメリカやフィリピンでは生活保護を受ける人の本人確認に使われ、手形はアトランタオリンピックの選手村の入退場に使われたそうです。

僕は数あるバイオメトリックスのなかでも、顔の認識技術がいちばん問題だと思います。私が取材した範囲だけでお話しさせていただきますが、たとえば、オムロンは「FACE KEY」（フェイスキー）という商品を売り出しています。「これは、どこで使われているのですか?」と聞きますと、具体的には教えてもらえなかったのですが、「ある電力会社などで使われています」という話でした。原子力発電所かもしれませんね。これは結構大きな機械で、機械の前に立って認証させるというタイプのものです。おそらくICカードとかパスワードとか、ほかの認証手段と組み合わせて認証するのだと思いますが。ユーザーからはどんな感想があるのかと聞いたら、入退室の情報が蓄積されることが一番いいというユーザーからの声があったとメーカーは言っていました。

もう一つ、気をつけたほうがいいと思うタイプの商品があります。これもオムロンの製品で、徘徊老人の管理に使う装置です。これは二年間のフィールドテストを行なったうえで、いま、続々と売り出しにかかっているそうです。これはさっきの「フェイスキー」とどう違うかと言いますと、機械の前に顔を出して認識させるのではなくて、当人がまったく意識しない間に顔を認証させるというものです。つまり、機械を建物の入り口にセッティングしておいて、徘徊するクセのある老人が建物の外に出てしまおうとすると、受付や看護婦さんがいるところに連絡が行って、看護婦さんや職員がそこに駆けつける、という仕組みだそうです。Nシステムの話にもありましたけど、徘徊老人の管理システムをNシステム的に応用すれば、誰がどこをどう動いたか、データの蓄積がどんどんできることになる。そういうメリットが評価されて、ユーザーに使われていくだろうとメーカーは言っていました。

それから顔認識の技術は、オランダのディスコですとか、アメリカのカジノなどで悪い客を締め出すために使われています。たとえばオランダのディスコでは暴れる人がいるそうで、入り口に仕掛けた顔認識装置で札付きの客を見つけ、締め出すのに使ったり、カジノでプロギャンブラーを見つけ、ディーラーに注意を促すのに使っているそうです。

それからその逆に、VIPの優遇。これも、ナイトクラブなどで使われているところがあるそうです。先ほども斉藤さんの話で、呉服屋さんの例が出ていましたけど、VIP待遇の人が来たら、そのお店の店長やオーナーがすぐに対応するようにするとか、そういうことに使っているそうです。それから、これは余談ですけど、オムロンの社長室には、オムロンの重役しか入れないように顔認識のバイオメトリックス装置がつけられているそうです。冗談で、あれは差別じゃないか、と言う人もいるそうです。

Nシステムにはまだバイオメトリックスは入っていないですよね。イギリスにニューアムという町では、二〇〇台の監視カメラが町中にセッティングされていて、それらには顔認識のバイオメトリックス装置が組み込まれているそうです。

業界の人たちは、バイオメトリックスをセキュリティというメリットを打ち出して普及を進めようとしてきました。しかし先ほど、白石さんのお話の中で「便利さとのせめぎ合い」というご発言がありましたが、セキュリティだけではあまり普及しない、と業界の人たちは思っているみたいです。むしろ、もっと便利さというものをメリットとして前面に出そうとしています。たとえば、先ほどのログインであれば、わざわざ番号を打ち込むという面倒なことをするのではなくて、指をポッと置くだけでできてしまう、というように。それから「おもしろさ」みたいなものを打ち出していくことが普及のポイントだともメーカーの人たちは言っていました。

実際、こういうバイオメトリックス・データをたくさん扱うといろんな問題が出てくるだろう、ということは、業界もあるていどは認めています。たとえば、バイオメトリックスを使う企業の国際的な業界団体である「国際生物測定業協会」というところが、一九九九年三月、バイオメトリックス・データを厳しく管理することを目的とする「プライバシー保護原則」案を発表しました。しかし、バイオメトリックスといってもいろいろなものがありますので、きっちりとした規制指針を作るのはなかなか難しくて、非常に原則的なものだそうです。僕がその記事（『ホットワイアード・ニュース』九九年三月三一日）を読んだ頃には、まだ「案」ということだったので、その後どうなったかは、申し訳ありませんが、未調査のままです。それからアメリカでは、少なくともカリフォルニア州ではバイオメトリックス情報を保護するような法案のようなものが審議されているそうです。

これも、ごめんなさい、詳細はわかりません。カリフォルニア州以外はわかりません。

しかし、少なくとも、日本では官民共にこの種の議論は皆無です。たとえば、僕は業界団体の人にプライバシー問題とかどうするか、と聞いてみたのですが、それはこれからだ、という答えしか返ってきませんでした。業界団体の人たちがいまやっていることは、どちらかというと規格基準のようなことを決めることで、プライバシーや倫理問題ということは「気をつけないといけませんね」というていどの返事しか返ってきません。

ICカードは交通から普及する

ICカードについても、便利な反面、いろいろな問題があると思います。どのような特徴があるかと言いますと、まずは多機能で高密度に情報を積むことができるということ。先ほども、一枚で新聞紙八〇〇ページぐらいの情報を収録できると言っていましたが、ICカードについても、業界側は、偽造が困難というのが大きな特徴であり、メリットであるといいます。実はいま、ICカードが最も進んでいる地域は、香港だそうです。香港では、人口よりも多い枚数ICカードが普及しているのですが、一枚も不正がない、というのが業界の言い分です。もちろん発覚していないという意味ですが。

ICカードがどんなことに使われているのかといいますと、代表的なものに金融があります。つまり電子マネー的な使われ方です。新宿とか、渋谷とかいろいろなところで実験的事業が行なわれているのですが、いちばんおもしろいなと思ったのは、東京の大崎にあります「ゲートシティー大崎」というビルです。そこはいろんな会社が入っていて、一万人ぐらいの人が働いているのですが、ほとんど全員がカードを持っているそうです。そこでは、「ビットバレット」というソニーの子会社が、「Ｅｄｙ」（エディ）という電子マネー・システムを使って、実験的にＩＣカード事業を進めています。簡単に言うと、プリペイドカードのようなものです。テレホンカードなどと違って使い捨てではなく、お金を補給できるプリペイドカードです。それを社員の通行証と兼ねているものを、ほとんどの人は持っています。

「キラーアプリケーション」という言葉がありますが、ＩＣカードが普及するために、どんな使われ方が起爆剤になるかといいますと、私が取材した業界関係者みんなが共通して言ったのは、交通でした。実際、先ほど香港の話を出しましたけど、香港でのＩＣカード普及のきっかけは、地下鉄に使われたことでした。フェリーとかキヨスクなどでも使えるものだそうです。香港には僕も何年か前に行ったことがあるのですけど、ＩＣカードの前に、実は、磁気カードを使っていたのですよね。利用者は、機械に料金を入れると、切符ではなく磁気カードを受け取り、それを乗車と降車の時に、改札にある機械に差し入れる。だからＩＣカードもわりと抵抗感なく普及が進んだのじゃないかと、業界団体の人やＪＲ東日本の人が言っていました。香港とほぼ同じシステムを使って、ＪＲ東日本が進めようとしておりますのが、いまテレビでも宣伝している「Ｓｕｉｃａ」というシステムです。実際、香港の地下鉄にもＳｕｉｃａにも、ソニーの「フェリカ」という同じシステムが採用されています。Ｓｕｉｃａは簡単に言うと、いまは使い捨てのイオカードを、お金を補給可能にし、それに定期券を統合したカードです。埼京線で今年の夏まで三か月フィールドテストを行ない、その後、全国展開することになるそうです。

これも余談なんですけど、いま、JR以外の地下鉄や私鉄には、磁気のプリペイドカード「パスネット」というものもありますね。あれはJRでは使えないのですよね。あれは不便と思っている人は多いと思いますが、実は、JRではSuicaをやり始めてしまったので、パスネットには入らなかったとのことです。次の段階として、地下鉄や私鉄とも共通のICカードで、パスネットみたいなものを作るという合意があり、今回は入らなかったとJR東日本は言っていました。

そのほかの使い道としては、医療分野があります。診察券などに使っている病院があります。厚生労働省では、介護保険証、あるいは健康保険証として使おうという構想があります。それからいうまでもなく、行政ですね。これを国民一人ひとりにICカードを持たせ、住民票の発行など、行政サービスを受けるときに提示するようにさせるというもの。

ICカードが普及するもう一つの起爆剤は「少額のリピートだ」ということが、業界では盛んに言われています。実際、ゲートシティー大崎でどんなものに使われているのかを見ますと、お昼ご飯とか比較的少額のものが多いそうです。夜の居酒屋とか、ちょっと額が多くなると使われなくなるそうです。どういうことかと言うと、結局、定期券だとか、小銭入れのように簡単に出し入れしながら使うものに、ICカードの電子マネーは使われやすいということがこれでわかってきた、と言っていました。それから、成功原因ですけど、新宿や渋谷で実験的に行なわれていた電子マネーは、そのカードがどこで使えるかを、わざわざ地図などで確かめないとわからないのですが、ゲートシティー大崎は一ヵ所でやっていることなので、ほとんどの店で使えるということが、成功した理由ではないかということでした。どこかフィールドを決めて、ビル単位や集合商業施設単位で、場所を決めてやるのがいいと言っていました。

『日本経済新聞』の二〇〇〇年一〇月四日付けは、経済産業省、自治省、厚生労働省が共同で、二〇〇一年度にＩＣカード五〇〇万枚を配布し、ＩＣカードの実証実験を行なうと報じています。しかも、住民情報カードとしてだけではなく、健康保険証や定期券、銀行カードとしても使えるように、各業界に呼びかけ、すべてを一枚にまとめるという方向で話を進めていると書かれています。先ほどの斉藤さんの話ですと、またそれが動き始めたということですね。

ヒトゲノム解析終了が意味すること

最後に、遺伝子解析研究について述べさせてもらいます。私たちの体は六〇兆個ぐらいの細胞からできていて、細胞の中に核というものがあり、その中に染色体というのがあります。染色体を構成している物質がＤＮＡで、それは四つの塩基と呼ばれる物質から成りたっています。ＤＮＡにはＡ、Ｔ、Ｃ、Ｇという四つの塩基がひたすら並んでいて、そのなかで、私たちが生きるうえで必要なタンパク質をつくり出している部分が遺伝子というものです。

遺伝子に含まれている情報には二つの特徴があります。一つは予測可能性です。つまり、たとえいまは健康でも、将来、病気になるかもしれない、という未来の情報が含まれているということ。

もう一つの特徴は、遺伝子の情報は一人だけのものではないということです。血縁者すべてを巻き込むプライバシーなのです。個人情報としてはそういう特徴を持っております。

二〇〇〇年六月、アメリカのベンチャー企業セレーラ・ジェノミクス社と、国際ヒトゲノム計画（民間企業ではなくて、各国の国の研究機関による研究チームの連合体）が同時に、ヒトゲノムの塩基配列の解読をほぼ終了したと発表しました。これはあくまでもヒトゲノムの塩基配列を確定したということです。遺伝子が全部わかったという意味ではありません。

そして、これからどういうことが行なわれるかが重要です。いままで解析していたのは「構造」、つまりゲノムの塩基配列でした。これからは重要になるのは「機能」の解析、つまりどういう働きを持つ（どういうタンパク質をつくる）遺伝子がどこにあり、その塩基配列がどうなっているかを調べることです。

もう一つは、これまでは遺伝子そのものを解析していたんですが、これからは遺伝子が作り出すタンパク質の立体構造などを解析することになります。それから次が、僕が注目したいことです。これまでは一人分のものを解析していた。一人といっても、一グループ一人ですからセレーラ社が一人分、国際ヒトゲノム計画が一人分だけのゲノムを解析していたのですが、実は、遺伝子というのは一人ひとり、ほんの少しだけ違う部分があるのです。この違いのことを「多系」といいます。これがどう違うかというのを見ていこうということです。つまり、標準から多様性へ、ということです。

この違いというのは、たとえば、Aさんのある遺伝子のある部分が、「GATTGA」という配列を持っている一方、Bさんの同じ遺伝子の同じ部分が、一文字だけ違って、「AATTGA」になっているということがあります。この違いをSNP（スニップ）といいます。「一塩基多系」と訳されます。これが変わってくるとどうなるか。遺伝子はタンパク質を作っているのですが、タンパク質はアミノ酸から構成されています。「コドン」という三つの塩基からなる単位一つが、一つのアミノ酸を作るのですが、塩基一文字が変わってくると、ここで作られるアミノ酸も変わってくる。そうなると少し違ったタンパク質が作られることになる。それが「体質」と呼ばれているものの違いをもたらしているのです。たとえば、ある抗ガン剤の副作用の有無。あるいは、ある病気へのかかり易さ、微生物への感染のしやすさ、感染後の発症のしやすさが変わってくるといわれています。それがSNPと呼ばれているもので、いま、これを探しだそうと、企業もかなり力を入れています。

■一塩基多型（SNP）の例

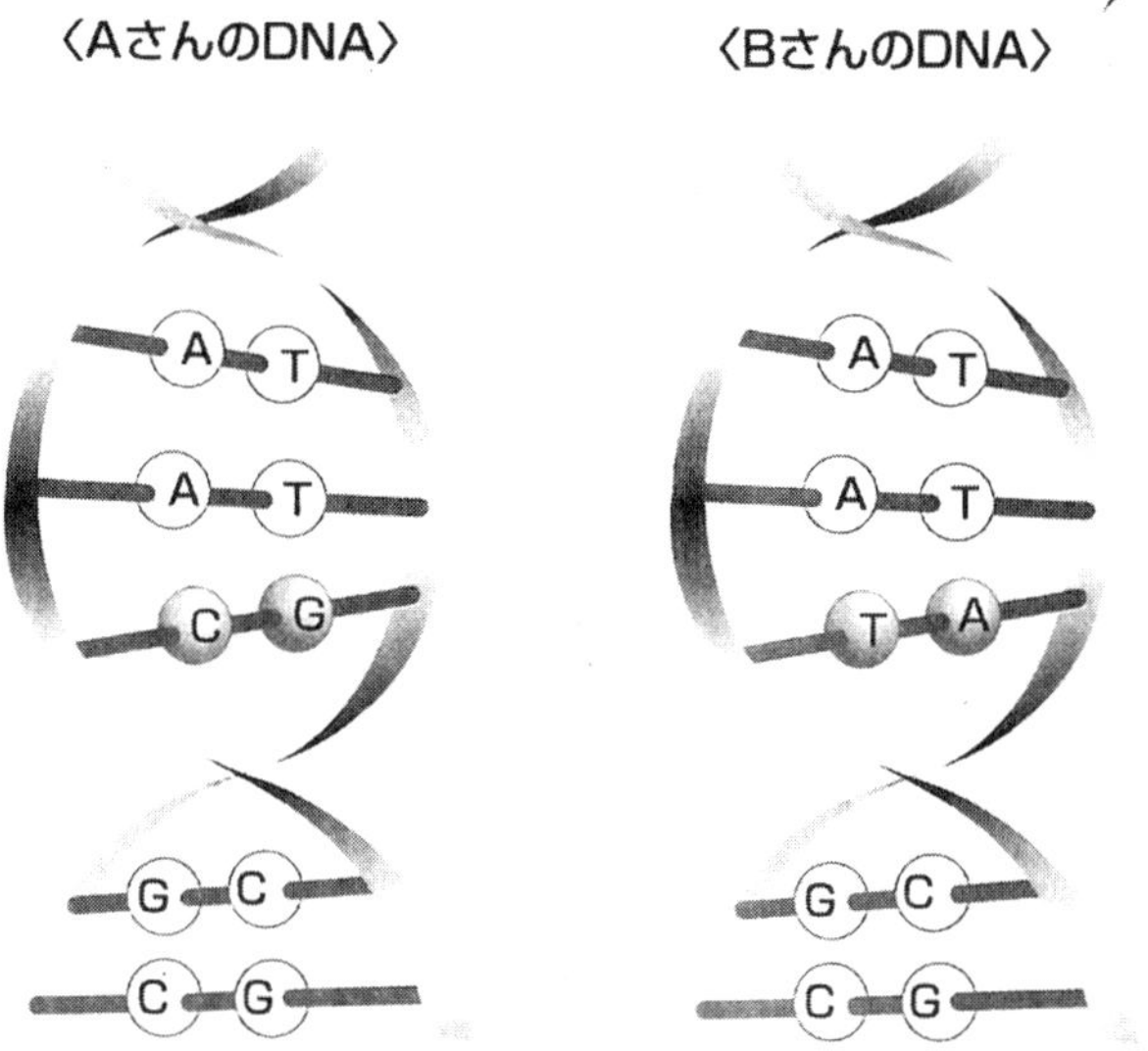

AさんとBさんとで上から三つ目の塩基が違うところが個人差であるSNP（出典『TRIGGER（トリガー）』2000年9月号）

ただ、これをやるためには一人だけの遺伝子を調べてもだめで、ものすごく多人数の遺伝子を組織的に調べることが必要になってきます。

遺伝子の個人情報が産業資源に

政府や企業は、ヒトゲノムの中の何を探しており、それらをどのように使おうとしているのでしょうか。

第一に、有用物質産生遺伝子の探索。化学合成が不可能で医薬品として有用なタンパク質をつくる遺伝子が見つかれば、その遺伝子を微生物に組み込み、それを増やすことで医薬品や健康食品、試薬などをつくることができます。あるいは微生物ではなくて、動物や植物、昆虫の細胞に組み込んで有用物質を生産することもできます。

第二に、疾病関連遺伝子の探索。ある病気に特有な遺伝子の構造がわかれば、それを利用して、遺伝子診断に応用することができます。病気を診断するために行なわれる通常の遺伝子診断のほか、着床前診断と呼ばれる受精卵段階での遺伝子診断などがあります。病気の起こす原因となる遺伝子の情報は、遺伝子治療にも応用できます。病気を起こしている細胞中での遺伝子の働きを、遺伝子組み換え技術によって調節するのです。

第三に、前述のＤＮＡ多型の探索。個々人による遺伝子の違いを明らかにし、それをデータベース化しておけば、体質の診断やそれに応じた治療法の選択（オーダーメイド医療）に役立てることができます。そのほか、ＤＮＡ鑑定（犯罪捜査、親子鑑定）などにもこの情報は応用できます。

たとえば、肝臓ガンだったら、肝臓ガン患者のグループの遺伝子は、健康な人のグループの遺伝子とはどこが異なるのかを調べる。あるいは感染症の場合、あるウイルスに確かに感染しているのだけど、発病する人としない人がいる。そういう人たちの遺伝子を比較していくと、違いが少しずつわかってくる。こういうことがわかってくると、医薬品の開発、診断などにも使える。最も大きな目的は、こうした情報によって個人個人にあった投薬、治療ができるようにすること。これを「オーダーメイド医療」といいます。

政府はいま、産官学の共同研究プロジェクト「ミレニアムプロジェクト」を進めています。そのなかでも、国はＳＮＰの探索にものすごくお金をかけています。ミレニアムプロジェクトは二〇〇〇年から始まったのですが、その発端は結論だけを言うと、産業競争力会議という会議で、産業界からの要請があり、当時の小渕恵三首相がそれに応じてやろうと決めたことです（拙著『人体バイオテクノロジー』宝島社新書、第7章を参照）。

それからＳＮＰ情報がわかってくると、遺伝子のどういう違いが、どういう病気に関連するか、どういう薬の副作用に関連するか、などがわかってきます。それを地図のようなものにできるという研究者もいます。「ゲノム診断書」なんて言い方をしています。将来、あなたの遺伝子は「標準」と比較して、ここところがこういうふうに違うから、こういう病気のときにはこういう薬を飲めばいい、というようなことを医者に言われるようになるかもしれません。そうした診断書をＩＣカードに入れて、一人ひとりに持参させたらいいと提案している研究者もいます。

■人体部品ビジネスの構造

臓器等提供　　　臓器等提供　　　臓器等提供

ドナー　→　臓器等提供機関　→　医療機関　→　レシピエント

（提供者）　（バンク、会社、病院）←　（病院）　←　（患者）

代金、報酬等　　　代金、報酬等

*「臓器等」には、臓器、体細胞、生殖細胞（精子、卵子、受精卵）、遺伝子（染色体DNA）、病歴等個人情報などが嫌われる。

*　ドナーにだけは対価（代金、報酬等）が与えられないことに注意。

（出典：粟屋剛『人体部品ビジネス』講談社選書メチエ、1999年、203ページに加筆）

また、個々人の遺伝子の違いにはＳＮＰ以外に、ある塩基配列の繰り返し回数の違いがあります。この回数を一人ひとり調べ、それがある地域には、この回数の人は何割いて、この回数の人は何割ぐらいいる、というような分布がわかってくれば、血液型のように「型判定」ができるようになると言われています。その情報はＤＮＡ鑑定にも使われるし、バイオメトリックス的な個人認証のような使い方もできると言われています。

ただし、こうした研究をただむやみに行なえば大きな問題が起こりますので、国はいま、つぎつぎと倫理指針というものを作っています。遺伝子解析研究は、二〇〇一年三月一五日に制定された「ヒトゲノム・遺伝子解析研究に関する共通指針」というガイドラインで規制されることになっています。しかしこれには大きな問題があります。たとえば、皆さんはこれまでに病院で検査のために血を採取されたことがありますよね。あるいはガンなど病気にかかって手術を受けたことがあるとしたら、切り取られた臓器や組織が病院で保管されている可能性があるわけですよね。実際、保管されています。結論からいえば、それらを使ってよいことになっているのです。つまり、本人を特定できる情報を切り離すなどの条件さえ整えれば、遺伝子を解析していいという本人の許可がなくても研究に使ってよいということになっているのです。それらを使った研究で新しい発見があれば、そこには特許などの知的所有権が生じます。それが新薬開発などに結びつくとしたら、当然ですが、金銭的な利益が発生します。しかし、それらから得られる金銭的利益は、提供者には一円ももたらされません。いうなれば患者は、石油などの資源を収奪されても何一つ声を上げられない地球のようなものです。つまりヒトの身体や、その遺伝子に含まれる個人情報は、すでに産業資源になってしまっているのです。政府や企業は、私たち一般市民が知らないうちにその道筋をつくってしまったのです。

〈参考〉

粥川準二「究極のセキュリティ技術『生体認証』最前線」『JN（実業の日本）』二〇〇一年二月号
粥川準二「駅や家庭でも使えるICカードが生活を変える！」『JN（実業の日本）』二〇〇一年六月号
粥川準二『人体バイオテクノロジー』宝島社新書、二〇〇一年

個人情報保護法について

佐藤　文明

監視社会、現在のＩＴ社会がいかにひどい状況になっているか、これに何とか歯止めをかけなくてはいけない、ということからプライバシー保護の問題というのが起きているんですね。プライバシーというのは一般的にはすごく広い概念なんですが、簡単に言いますと、かつては表現がもたらすプライバシー侵害というのが大きな問題になりました。つまり、ほっておかれる権利を表現によって脅かされた。それを裁判で争って損害賠償を請求する。こういう犯した側、犯された側、一対一の関係構造ですね。それを裁判官が判定して、損害賠償だとか、名誉回復をする。それがかつてのプライバシー保護の概念でした。

しかしながら、六〇年代に入り、いわゆるＩＴ時代の走りですね。コンピューターが急速に進歩してきますと、それだけの対応ではすまなくなってくる。事件が起こって、裁判をやって、それを損害賠償かなんかで解決する、という方法ではだめで、大量の情報が大量の被害者を生み出したりする。これがデータとして一人歩きをして消えることがない。こういう蓄積。巨大なデータの蓄積というのが進んでいくと、人間によるテクノロジーのコントロールではなく、テクノロジーによる人間のコントロールが起こってしまう。これを止めなくてはいけない。これが、新しいプライバシー保護の声になったわけです。つまり、それ以前の表現に対するプライバシーの保護というのとは違って、文脈上の表現をめぐってではなくてですね、人をデータとして一気に捕捉する、そういうデータを管理し、問題が発生するのを事前に止めよう、という声です。

これはそれまでのプライバシー保護とは全然考え方が異なる。それを自己情報のコントロール権と申しますが、この権利の保護の特徴は、事件が起きてから対処するんではないということ。起きる前に、その形、つまり、コンピューターに入力する、その仕方、その対応がおかしい、それじゃいかんということで、事件が起きる前に押さえ込もうという考え方なんです。

言うまでもないことですが、表現というのは、絶対、事前に押さえつけてはならない。表現というのは内なる固有性の表明で、民主社会が成立する基礎とも言うべきもの。表現の自由が保障されているのはそのためです。ですから、実際に公表された表現の内容を個別に判断して、これは問題だとすることでプライバシーを保護する。しかし、これでは今のコンピューター時代、データ時代になってくると、それでは済まなくなってきたわけです。大量の情報が瞬時に飛び交う現実の中で、問題をはらむデータは収集、蓄積、利用の各段階で問題が起きる前に制限を加える。そのための方策として作り出されてきたのが、国際的なプライバシー保護条約の流れであったわけです。こういう中で、社会はデータ保護、というより個人情報の保護。個人情報を必要以上にデータ化しない方向に向かっていくわけです。

実際、日本はすでに個人情報を捕捉して監視していく社会です。実は、ＩＴが進んできて始まってきたわけではないんですね。この国はそれ以前からデータ監視社会であったのです。それが戸籍制度であり、住民登録制度なんです。つまり、サイクルは非常に長いですけど、人の一生の生まれ、結婚し、死亡しという、節目節目そのたびに人の行動を捕捉していくわけです。しかも、住所歴も全部押さえ込む。しかも一人一人に戸籍名という変更できない（変更には厳格なルールがある）番号を付けている。コードですね。みんなもうすでにコードを持たされている。「佐藤文明」という戸籍名、それはコードなんです。他の国の人の名前はコードではありません。暮らしに合わせて自由に変更が可能です。しかし、僕らは戸籍というのに縛られた結果、背番号と同じ、コードを持たされている。

そういう監視社会に僕らは生きているわけです。

だから今言われている国民総背番号制というのは、その上に屋上屋をかけるというか、ITというより細かな、精密な監視、管理が可能な道具が生まれてきた。これを利用してもっと短いサイクルで人を日常的に監視していこうというものです。IT技術の登場で、日本の支配層には二つの道があったと思います。つまり、日本式の管理はもうやめて、戸籍管理のない欧米と同じようにITを使った個人情報の管理を一気に進める道。実際、アメリカなんかも国民管理・住民管理の必要性からIT技術に着目していった。それに対して、国民管理はすでにできていた日本が、その手法を捨てずに、その上で欧米並の番号管理、カード管理を進めようという道。このどちらを選ぶのかという選択があったと思います。

今もなお、どっちに行くのかは議論が分かれていますけど、どうも、やはり、日本は日本式のやり方を捨てない。それを維持した上に、さらにＩＴによる監視をプラスしていく。そう考えざるを得ない状況になってきています。

今、日本にはすでにコードが一人一人つけられています。それが名前であるとさっき言いましたが、アメリカの場合、なぜ、社会保障番号、Social Security 番号というのを振られ、それが多用されているか、そのカードが利用されているかと言いますと、アメリカでは戸籍も住民票もありません。つまり、住所がどこであるかを登録する必要はないし、戸籍名、いわゆる本名といわれているものがどういうものであるかをはっきりさせるものがない（いちおう出生証明書に記載された名をバージン・ネームとし、現在の通名との同一性は必要とされる範囲で自己責任において証明する）。つまり、変更することが自由であるわけですね。そうすると、ある人をある人として特定するものが何もないです。実際には。そうしますと、番号に頼らざるを得ない、ということがあって、ついついみんながそれを使うようになった。それが、社会保障番号、なんです。大間違いをしている人が多いんですが、この Social Security 番号は国民総背番号制ではありません。そうでなくて、たまたま社会保険庁、アメリカのそういう庁が便利のためにそれをつけた。他の人たちもみんなその番号を使って仕事をしている。それだけのことであって、決して、総背番号としてつけたものではありません。たまたま本名もない、住所もない、だからその番号に頼ろう、ということをいろんなところがやり始めたために、総背番号制みたいになっちゃっているだけです。結果的に。だけど、それを総背番号制にするというのはいけない、危ないということで、アメリカはそれを捨て去っています。いつも大統領が替わるたんびに、私の間はそれをしないという約束を年頭教書でやっている。だから、あれが総背番号制だというのは、日本側での単なる宣伝、コマーシャルにすぎない。嘘です（実際Social Security番号はおなじ番号を複数の人が共有していたり、一人の人が複数の番号を持っているケースがあります。政府の社会保障を必要としないロックフェラー一族など、当然のことながらこんな番号を持ってはいません）。

それにもかかわらず、戸籍を持って、すでに総背番号制になっていながら、さらに総背番号にしようとしているのが住民基本台帳法の改正だったわけですね。

実は、それと個人情報保護というのがどう結びついているかといいますと、この戸籍、住民票というのが世界の人権、プライバシーの観点からしますと、すでに受け入れられない。個人を差別し、必要のない出生の秘密などを暴露してプライバシーを全く認めていない、許されないデータなんですね。ですから、日本は欧米がやろうとしている、つまり、コンピューターが発展したために、危ないから何とか歯止めをかけようとして生み出してきた個人情報保護の条約にのっかれないですね。のっかった途端に戸籍を捨てなければいけない。そういう状況に実は立たされている。

これまでですね、世界ではもうすでに、一九八〇年にはOECD八原則というプライバシーの一定のガイドラインというものを定めていますし、同じ年、ヨーロッパではCE条約という、それよりも、つまり八原則よりも厳しい内容を持ったプライバシー、個人情報の保護というのを打ち出しているわけですね。

さらに、その一〇年後。一九九〇年には国連総会でさらに厳しいCE条約というものをふまえた国際的なガイドラインを決めていますし、さらに、このCEはEUになる段階で、もっと厳しい、つまり、一九九七年ですけど、ＥＵ指令というものを出している。戸籍がネックになって、これらすべてを日本はクリアーできていない。

こういう状況にあるわけです。この間、日本はクリアーしようと努力するどころかむしろ、ＯＥＣＤ八原則に対してもそうでしたが、国連でも総会決議に対しても反対して、何とかやらせないように動いてきました。そのときの日本の言い分は「各国には国情があり、伝統文化があり、その伝統文化を守る必要がある。それに限っては免除しろ」と。その伝統文化という言葉で言おうとしていたのは戸籍。つまり、「戸籍制度は免除しろ」と、こういうことなんですね。で、戸籍を捨てなきゃいけない状況を防ごうとしてきたんですが、国際的には全く受け入れられなかった。つまり、日本の声は全く相手にされず条約ができていった。こういう経過をたどったわけです。

日本も実は保護法を作らなければならない、国際的な流れの中で作らなければならない状況が生まれてきました。

行政管理庁は、コンピューター化を推進する一方で、「行政統一コード」という名の総背番号制を行政の効率化のために導入しようとするんですが、導入する以上は規制もしなくてはいけない。なんとか、コンピューターによる人権侵害からプライバシーを保護しなきゃいけない、と考えます。これは欧米と同じですね。

それで総背番号制みたいなものを進めていく。だけれども、それには一定の歯止めが必要だ。だから、保護法が必要だ。こういう形で国際的な保護の流れが作られてきた。これは両輪なんです。日本でも行政管理庁はそれをやろうとした。八二年ですが、行政管理庁は「プライバシー保護研究会」というものの答申を得まして、五原則というのを発表しています。プライバシー保護の五原則。この五原則を発表した途端に、行政管理庁というのは解体されてしまって、総務庁の中に飲み込まれてしまった。総務庁はすぐに五原則を全く無視した、いわゆる「行政機関における個人情報保護に関する研究会」というのをスタートさせて、今現在、僕らが手にしている、行政部門における個人情報保護法はこれをベースに作られたものです。

非常に荒っぽく言いますと、個人データ。このAB全体が個人データとしますと、①に当たる部分がいわゆるデジタルデータ。それから②が、いわゆる紙に書かれたコンピュータ以前からあるマニュアルデータです。欧米の、国際的なプライバシー保護のための規制というのは、このデジタルデータ全部に規制がかかっていまして、さらに、マニュアルデータの一部にも規制がかかっている。理想的にはマニュアルデータ全部をかけろといっているわけですね。今現在の国際的な流れでは、マニュアルも全部いっしょくたに考えよう。そこでもデータを保護しよう。つまり、そうして個人情報を保護するんだ、と、ここまで来ている。さらに、そのさきに、もうちょっと詳しく、内容を含めて罰則をちゃんとそれに対して刑事罰をつ

「個人情報保護基本法」

C表現・報道	B民間データ				A政府データ
		医療機関	私立探偵業	金融関連機関	①デジタルデータ
	空				②マニュアルデータ
	空				③センシティブデータ（含刑事罰）
	空				④警察等特殊データ

けろ。しかし、刑事罰で何でもかんでもやるのは厳しいですから、一番悪質な情報。つまり、差別に関する個人データ。これを蓄積したりすれば、それは刑事罰を受けるべきだ。そういうのが国際的な流れでして、それが③のセンシティブデータ。センシティブデータに関しては罰則でガードするしかない。しなくちゃいけないんだと。ここまでをすべてカバーしているのが、今の国際的なデータ保護、個人情報保護の流れです。それに対して、今、言った五原則。つまり、行政管理庁が出したものは、マニュアルを入れるべきだ、と言っています。しかし、センシティブ情報については何も言っていない。つまり、罰則についても、必要だ、とは言っていますが、ここを明確にしていないので、罰則も曖昧なんですね。しかも、捜査機関のデータについては、センシティブデータでも何でも、全部認めて、罰則も除外する。この規定から全部除外しています。④のデータですね。ヨーロッパの場合には、アメリカもそうですが、捜査機関のデータも例外ではありません。警察データも全部同じルールで、つまり、個人のアクセスする権利ですとか、そういうデータを持っていると公表する義務であるとか、全部が適用されるんです。ABすべてがほぼ満足されている状態、これが現在の個人情報保護の国際的な大きな枠組み。アメリカは民間に対して個別法で規制してるため、図のような空白があるんですが、ともかくこれが大枠です。

これに対して、ちょっとは不備ではありますけど、当時としてはまだましな五原則が打ち出された。ABの①②をカバーするものです。それに対して、行政管理庁を吸収してしまった総務庁が出してきたものが、Aの①限定の保護法なんです。今現在の、個人情報保護法として作られているものですね。ごっそり落ちているBとは民間データです。

Ａは国家が保持するデータ。つまり、国際潮流の大きな保護、ガードに対して、あまりにもお粗末なのは明らかです。これが、今、僕らが持っている保護法ですね。だから、これが出てきたときあらゆるところが反対しました。最初の五原則は与野党から支持され、日経や産経までが成立に期待を寄せていたんですよ。だれもが五原則に沿った保護法が登場するものと考えていた。でも、五原則から見ても大幅な後退でしょう。だれもがあきれました。ですので、この法案が通るときにも付帯決議がつけられました。それはどういうことかと言いますと、マニュアルデータにも拡大すべき。民間にも拡大すべき。これを五年以内にやれ。そういう条件の下に、この法律は通過したんです。で、これが八八年ですから、五年以内ということは九三年だったんですね。もちろん、未だにそれがなされていない。成立に向け自民党対策に動いた総務庁は、ご期待に沿えないのは「戸籍と土地台帳をどうするか、解決策がないのだ」とささやいて回っています。

それで、今回の個人情報保護基本法案がそれの答えだと、総務省や、政府は言おうとしている。だけど、今回の法案は全く違うんですね。非常にうまいというか、とんでもないごまかしというか、全然違うものになってしまった。八八年の付帯決議を前提にするなら、Ａ①限定をＡＢの①②まで広げる。さらに、センシティブデータについては何も言っていないんですが、罰則を規定した方がいい、ということで、一部③にも及んでいた。そうしたものが出てくるはずだったんですね。

総背番号制、住民基本台帳法の改正案が通るときも付帯決議が付きました。個人情報保護のガードがＢ（民間）に規制が及んでいないままでは危険だ。住基ネットは今のところ、民間には使わせないと言っているけど、いつ民間に使われるかわからないし、それに中央センターとして番号を全部コントロールすることになる指定団体（予定通り地方自治情報センターが指定された）は外郭団体なんですね。そうするとそこにもこのガードが及んでいない。だから台帳法の改正案成立の前提として、これをBに広げないと、というのが公明党の言い分だった。また、当初は連合や民主、社民党にもおなじ考えがあった。

だから、公明党がそういう条件を付けて成立させた、というのも突出した考えではなかったんです。決議が通った以上、当然、Bや②にも広げた五原則に近いものを作らなきゃいけないと思っていたし、作るんだろうと思っていた。これを包括的個人情報保護法と呼んだんです。公明党なんかも、たぶん、その辺まで考えた上での法案賛成だったと思う。

ところが出てきたものは、包括的個人情報保護法とは全く違っていまして、個人情報保護基本法だという。ABCの上に巨大な傘をかぶせてしまおう、というもので、私はこれを破れ傘だと言っていますけど、マスコミとか、文学者とか、教育者。いろんな人の表現活動に対しても基本原則を押し付けようとしている。もちろん表現活動が人のプライバシーを傷つけることもある。でも、それに対しては規制の仕方が違うんですよね。表現に対しては表明された後にやらなきゃいけない。その前にやったら検閲になりますよね。表現の自由を奪うことになる。知る権利を失うことになる。だから、ABとCとでは別の管理の仕方をしなきゃいけない。それなのに、これを一緒くたにして、この上に、規制の網を全部かぶせようという。表現に対してそんなことしたら大変なことになる。だから、罰則は曖昧にしましょうよと。センシティブデータも、はっきり規定はしません。マニュアル・データへの適用もちょっと手控えましょうということになってしまう。Cにまで傘を広げたためにＡＢのほうは結局、②③④をきっちり規制しなくて済んじゃうわけですよ。たとえばマスコミ報道にも規制の傘を広げた。当然反発が出ますよね。だからそれに対しては「規制はやりませんよ。単なる宣言程度で、精神論的なものですよ」と説明している。実際、個人情報保護基本法案でも「主務大臣は表現、学問、信教及び政治活動の自由に配慮する」としている。

でも、これは大臣の胸一つという危なさに代わりはなく、その半面で、本体のデータ規制のほうがどんどん曖昧になっている。規制の実体を伴わない破れ傘なんです。実際、マニュアル・データというのは規制の対象になりません。政府が政令で指定したものだけ、規制の対象とされています。簡単に言えば、一番の問題は戸籍なんです。だけど、戸籍が政令で指定されることはない（そのため指定制にしたのだ）でしょう。そうすると戸籍は生き延びることになる。それからセンシティブデータというのも規定していない。これがないということは、同時に罰則もない。だけど、見かけ上の罰則は作ってあるんですね。これはヨーロッパやアメリカに対して、日本もちゃんとやっているように見せかけるための規定です。

でも罰則をよく見ると、これは、全部、主務大臣の命令に反した場合だけ（これでは事前規制にならないし、国民監視も不可能）なんですね。主務大臣というのは誰になるかわかりません。これは総理大臣の任命となっていますが。おそらく、政府公共機関（マスコミを含む）に関しては総務大臣か国家公安委員長（民間の規制に関しては監督庁の大臣）。どちらになるにしても、日本のプライバシー状況は極めて厳しいものになります。総務大臣というのは日本の個人データを一気に入手してしまった。郵便局の郵便番号や配達情報などを全部手に入れてしまった一番危険なところです。そこが、この法律を自由に、裁量を持って操るというのは危ないし、国家公安委員長というのも警察ですから、これもまた、何をするかわからない。そういう危険なものになってしまって、報道の自由も表現の自由もテレビ電波の許認可権を握っている総務省の脅威を含め、相当な危機にさらされている。

表現規制であるCもダメなら、データ規制のABもダメ。もうザルなんてものじゃないほどダメ。お話にならない。おかげで、最も問題の大きい差別情報である部落の出身を明らかにする『地名総監』というものがありますが、この地名総監さえもが規制できない。あんなひどいものでさえ全く規制が効かないんですよ。つまり、いったい何のために作るのか、ということですよ。Bには何も影響を及ぼさないで、Cにだけかかってくる。とんでもないものを作ろうとしているわけです。

問題はこれがヨーロッパから見ると、欧米から見ると、何となくすごいガードを作ったと見せかけられることができるように作ってある。それがこの法案の真の目的なんです。

ヨーロッパはアメリカと日本にEU並みのガードをしろ、と迫っていました。AB①②③④すべてを含む保護法を作れと要求していた。つくらない限り、EUとのデータ交換を許さないぞ、といっていた。

これは深刻な問題なんです。金融や保険業務でアメリカや日本がヨーロッパに進出できなくなる。アメリカは民間部門を個別法でカバーしてきたため空白を抱えていた。民間の自由な活動を認めるアメリカの伝統的なやり方だ、と、EUの要求を無視してきた。ところが一九九九年、「国際的なデータ交換をする場合には民間も政府規制に順ずる」とする国際プライバシー安全基準を制定。空白を埋めた。二〇〇〇年、ＥＵがこれを評価し、アメリカとのデータ交換を認めています。

基本法の構造は欧米並みの保護をしたくない日本が、ＥＵとの単純な比較を困難にし、日本も保護に熱心な国だと見せかけて、問題をすり替え、グローバル化した国際経済に乗り遅れまいとして仕掛けたもの。プライバシー保護を前進させようとしたものではないのです。

最後に、一言だけ言っておきます。プライバシー保護の国際的な潮流があるにもかかわらず、日本が何とか戸籍を守り通した。では、これからどうなるのか。ヨーロッパやアメリカにもっと日本の実態がわかってくると、日本はおかしいと言ってくるのか。そうは思えない状況が出てきました。これが実は、二〇〇〇年の一二月に締結されました国際組織犯罪条約という、ノベルノ条約と略称がありますが、これはＧ８で取り決めて、国連に持ち込んだ条約で、もちろん日本も入っています。これは、いわゆる麻薬とか、武器の売買、それから、マネーロンダリング。まさに、盗聴法を含めた組対法三法そのもので、そういうものが全部盛り込まれている（もともと組対法三法はこの協定の準備段階で日本に導入されたといわれる）。それはもうすでに国連でも条約化されていて、日本も二〇〇二年に批准する予定になっていますが、この中で、実は日本が要求したものが盛り込まれています。アメリカにもヨーロッパにも受け入れられています。それが何か。

本名の確定と、偽名、異名の取り締まりなんです。そんなことをアメリカやヨーロッパはやれる手段が今のところない。日本しかないんです。これをアメリカもヨーロッパも認めたと言うことは、戸籍制度というのが（プライバシーを侵しているが国際犯罪の抑止にもなる、という理由で）合法化されてしまう可能性がある。さらには、この条約では相互が持っている、そういう監視支配技術を交流しあおうという話にもなっている。つまり、日本の技術を向こうにも移植するという話も出てこないとも限らない。そういうような状況が今、進んでいるわけです。ですから、この条約の推移というのも非常に注目、注意しなくてはいけないと思います。プライバシー意識のかけらもない日本政府のなりふりかまわぬ戸籍防衛が功を奏して、戸籍が維持されるばかりではなく、さらには戸籍的な支配手法が世界規模に広がる可能性が出てきたということで、僕らは監視を国際的な視野にまで広げて、さらに厳しく続けなくちゃいけない状況になってきています。

国際的な電子的監視を強化するサイバー犯罪条約の危険性

山下幸夫

はじめに

これまでエシュロンと呼ばれる大規模な盗聴網があるとされ、欧州連合（ＥＵ）の欧州議会は、二〇〇〇年七月に調査委員会を発足させて実態調査を行っていましたが、本年五月末に最終報告書案が出されました。

その最終報告書案によると、英、米、カナダ、オーストラリア、ニュージーランドの英語圏五カ国が参加する世界規模の盗聴網であるエシュロンの存在はもはや疑問の余地はないと断定し、無差別の通信傍受はプライバシーの侵害に当たると批判する内容となっていると言われています。また、最終報告書案には、日本の青森の米軍三沢基地も暗号解析センターの役割を担っていると指摘されており、エシュロンが決して遠い他国の話ではないことを示しています。

そして、欧州議会特別委員会は、本年七月三日、「エシュロンの存在はもはや疑いない」とする決議を採択しました。

このエシュロンが特に問題なのは、本来、外交・軍事情報を狙うはずの情報機関が、商業通信や民間の個人的な通信をも対象として情報を収集し、個人情報を監視するためにも使用されているという実態を有しているという点です。

ところが、このような盗聴による個人情報の監視を国際的かつ合法的に進めようという新たな動きとして欧州評議会による「サイバー犯罪条約」に注目する必要があります。

犯罪問題に関する欧州委員会（ＣＤＰＣ）は、一九九六年一一月に、サイバースペース犯罪に関する専門家委員会（ＰＣＣＹ）を設置し、その後、約五年にわたってサイバー犯罪及びそれに対する対処について調査検討を行い、欧州評議会でのサイバー犯罪条約の締結を提案しました（社団法人情報サービス産業協会『欧州評議会サイバー犯罪条約』所収の夏井高人の概要）。

二〇〇一年五月には、条約草案の確定版（第二七版）が公表されています。この草案の起草委員には、欧州評議会の加盟国委員だけでなく、アメリカ合衆国、カナダ、オーストラリア、日本、南アフリカも起草委員国として参加しています。そのため、サイバー犯罪条約は、欧州評議会の枠を越えた国際的な条約としての意味を持っています。

サイバー犯罪条約は、二〇〇一年秋の欧州評議会で採択される見通しであり、加盟国三ヶ国及びそれ以外の二ヶ国の合計五カ国が批准すれば、その三ヶ月後に発効することになっています。

しかしながら、以下に述べるように、サイバー犯罪条約は極めて危険な内容を持っており、これが批准されると、我が国の刑事法制に対する大幅な改悪を余儀なくされることになります。それは、日本も国際的な監視システムの一翼を担い、それに組み込まれることを意味しており、絶対にその批准を阻止する必要があります。

そこで、本稿では、サイバー犯罪条約草案の内容を紹介し、その危険性について述べたいと思います。

なお、以下のサイバー犯罪条約草案の紹介に際しては、その第二七版についての夏井高人・明治大学教授の翻訳（前掲『欧州評議会サイバー犯罪条約』に掲載）を参考にさせていただきました。

サイバー犯罪条約草案の基本的な構成とその内容

サイバー犯罪条約草案の構造を大きく分けると、①サイバー犯罪に関する実体法の条項、②手続法規に関する条項、③国際協力に関連する条項に分けられます。

第一に、サイバー犯罪に関する実体法の条項とは、サイバー犯罪をそれぞれの加盟国において、それが犯罪となるための要件（構成要件）と刑罰を法律で定める義務をそれぞれの加盟国に課すことを内容とする規定のことです。

そのような実体法として、サイバー犯罪条約草案は、具体的には、「コンピュータそのものに対する犯罪」として、違法アクセス、違法傍受、データ妨害、システム妨害、及びこれらを実行するための機器の濫用が犯罪として定義されています。また、「コンピュータ関連犯罪」として、コンピュータ関連偽造、コンピュータ関連詐欺が定義されています。さらに、「コンテンツ関連犯罪」として、児童ポルノグラフィ関連犯罪、著作権等の侵害とその関連犯罪が定義されています。そして、これらの犯罪の未遂、共犯、企業の責任にも言及されています。

第二に、サイバー犯罪条約草案における手続法規に関する条項とは、サイバー犯罪を取り締まるための捜査のための手続を内容とする規定のことです。

具体的には、コンピュータ・データの応急保全、個人に対するコンピュータ・データの提出命令、サービス・プロバイダーに対する加入者情報の提出命令、蓄積されたコンピュータ・データの捜索・押収、トラフィック・データのリアルタイム収集、コンテント・データのリアルタイム傍受などの刑事手続を、加盟国の各国で国内法として整備することを求める内容となっています。

第三に、国際協力に関連する条項とは、主として、警察機関が迅速に国際協力をすることができるための体制づくりについての規定のことです。

以下、それぞれについて具体的に紹介したいと思います。

サイバー犯罪条約草案における刑事実体法の内容

サイバー犯罪条約草案は、以下のような行為を、加盟国がその国内法で犯罪行為とするための立法その他の措置をとらなければならないと定めています。

① 違法アクセス（二条）

コンピュータ・システムに対して、権限なく、意図的にアクセスする行為。我が国でも、不正アクセス行為の禁止等に関する法律が二〇〇〇年二月一三日から施行されており、既にある程度対応されていると言えます。

②違法傍受（三条）

コンピュータ・データの非公開伝送に対し、技術的な手段によって、権限なく、意図的に傍受する行為。我が国にはこのような違法傍受を包括的に処罰する法律は存しないので（但し、電気通信事業法や犯罪捜査のための通信傍受に関する法律には、通信事業に関わる者や盗聴捜査の権限を有する公務員を処罰する規定は存します）、この条約を批准した場合には立法化が必要となります。なお、草案は、コンピュータ・システムからの電磁波の放射を傍受した場合も違法傍受に含めています。

③データ妨害（四条）

権限なく、意図的に、コンピュータ・データの毀損、消去、劣化、改変又は抑制をなす行為。このうち、毀損、消去、劣化の行為は、既に我が国の文書毀棄罪（刑法二五八条、二五九条）、改変の行為は、既に公正証書原本不実記載罪（刑法一五七条）や電磁的記録不正作出罪（刑法一六一条の二）、抑制する行為は、既に電子計算機損壊等業務妨害罪（刑法二三四条の二）でほぼ対応されています。

なお、「抑制」というのは、データが物理的には存在しなくなるように削除したり、データが存在するのにアクセス不可能にする行為を指すとされています。

④システム妨害（五条）

コンピュータ・データの入力、伝送、毀損、消去、劣化、改変又は抑制によって、権限なく、意図的に、コンピュータ・システムが機能することに対する重大な妨害をする行為。具体的には、電子ウイルスやトロイの木馬などが想定されていますが、システムの通信機能を麻痺させるために、受取人に大量の電子メールを送信することも含まれると考えられます。この行為は、既に、電子計算機損壊等業務妨害罪（刑法二三四条の二）で対応されています。

⑤機器の濫用（六条）

①から④までの犯罪のいずれかの犯罪の実行のために使用する目的で、そのために設計等されたコンピュータ・プログラムを含む装置及びパスワード、アクセス・コード等を、製造、販売したり、使用するために調達、輸入、配布し、又はその他の方法によって利用可能にする行為とそれらを使用する目的で保有する行為。ここでは、いわゆるハッキング・ツール等を取り締まることを想定しています。既に、不正アクセス行為の禁止等に関する法律によって、アクセス制御機能に係る他人の識別符号を他人に提供する行為は禁止されて罰せられていますが（同法四条、九条）、それ以外の行為は対応されていませんので、条約が批准されれば新たな立法をする必要があります。

⑥コンピュータ関連偽造（七条）

権限なく、意図的に、コンピュータ・データの入力、改変、消去又は抑制をし、その結果として真正でないデータをもたらす行為。この行為は、既に公正証書原本不実記載罪（刑法一五七条）や電磁的記録不正作出罪（刑法一六一条の二）で対応されています。

⑦コンピュータ関連詐欺（八条）

自己又は他人の経済的利益を得る目的で、権限なく、意図的に、コンピュータ・データの入力、改変、消去又は抑制及びコンピュータ又はシステムが機能することに対する妨害によって、他人に財産的損害を与える行為。この行為は、既に電子計算機使用詐欺罪（刑法二四六条の二）によって対応されています。

⑧児童ポルノグラフィ関連犯罪（九条）

コンピュータ・システムを通じて、配布目的で児童ポルノグラフィを製造し、提供又は利用可能にし、配布又は伝送し、児童ポルノグラフィを調達し、コンピュータ・システム内又はコンピュータ・データ記憶媒体上に児童ポルノグラフィを保有すること。このうち「利用可能」にするとは、児童ポルノグラフィ・サイトの構築や、そのようなサイトへのハイパーリンクの設定をもカバーするとされています。

このうち、少なくとも配布又は伝送の行為は、既に一九九九年一一月一日から施行されている「児童買春、児童ポルノに係る行為等の処罰及び児童の保護等に関する法律」七条一項の「公然陳列」行為として処罰される可能性がありますが、それ以外の行為を処罰する法律がないので、条約が批准されれば新たな立法をする必要があります。

なお、その際に、児童ポルノグラフィを保有するだけでも処罰することについては、わいせつ図画や児童ポルノを鑑賞目的で保有しているだけでは処罰しない我が国の刑法や「児童買春、児童ポルノに係る行為等の処罰及び児童の保護等に関する法律」との整合性がとれませんが、この点は加盟国が適用しない権利を留保できるとされています。

また、条約草案は、「あからさまな性行為を行っている未成年者であるように見える人物」や「未成年者があからさまな性行為を行っているように表現する写実的な画像」として、実際には「児童」を対象としないものまで広く禁止する内容となっています。特に、後者はアニメーションやアイコラ（アイドル・コラージュ）をも標的にする可能性があり、この点でこれらを規制していない我が国の国内法との整合性がとれませんが、この点は加盟国が適用しない権利を留保できるとされています。

⑨著作権及び関連諸権利の侵害に関連する犯罪（一〇条）

著作権や著作隣接権の侵害を、故意に、商業的規模で、コンピュータ・システムという手段によって実行する行為。これらは既に、著作権法及び不正競争防止法によって対応されています。

⑩未遂及び幇助・教唆（一一条）

条約草案は、①から⑨までの犯罪についての幇助行為又は教唆行為、未遂行為を処罰することも求めています。

⑪企業責任（一二条）

さらに、条約草案は、法人の指導的な地位にある自然人によって実行された①ないし⑨の犯罪行為については、法人の責任を問うことができるような立法をすることも求めています。

サイバー犯罪条約草案における手続条項の内容

次に、サイバー犯罪条約草案が手続法規に関する条項として規定するところについて説明したいと思います。

まず条約草案は、コンピュータ・データについて、コンテント・データ、トラフィック・データなどに分類していますので、簡単に説明しておきます。

コンテント・データとは、通信内容そのものに関するデータを指します。トラフィック・データは、条約自体が、「コンピュータ・システムによって生成され、通信の連鎖の一部を構成し、その通信の発信地、受信地、パス又は経路、時刻、日付、サイズ、持続時間又はその背後にあるサービスのタイプを示すもの」と定義しています。なお、条約草案はこれ以外に加入者データという概念も認めています。これは、サービス・プロバイダが保持しているコンテント・データ又はトラフィック・データ以外のもので、使用された通信サービスのタイプやそのために用いられた技術設備及びサービスの期間、利用者の住所や電話番号やアクセス番号、請求又は支払いに関する情報、通信機器の設置場所に関する情報などを確定することができる情報のことです（条約草案一八条三項）。

条約草案は、これらのデータや情報について、その性質の違いを踏まえて、規制のレベルを使い分けています。

それでは、以下に条約草案が定める手続条項の内容について説明することにします。

①記憶されたコンピュータ・データの応急保全（一六条、一七条）

サービス・プロバイダーのようなデータ保有者に対して、既に収集され保持されているコンピュータ・データの応急保全を命令すること。ここでは、とりあえず、緊急に、既に保持されているコンピュータ・データについて、その品質及び状態を改変又は劣化されないように保護することが

「保全」の意味です。必ずしも「凍結」を意味しないとされています。この規定によって「保全」されたコンピュータ・データを証拠化するためには、別の規定による必要があります。

なお、条約草案は、コンピュータ・データのうちトラフィック・データについては、問題となる通信の伝送中に含まれるサービス・プロバイダが一つであるか複数であるかにかかわらず、その全てに対してトラフィック・データの応急保全命令が出せること、その通信の伝送中に複数のサービス・プロバイダが含まれている場合に、あるサービス・プロバイダが権限ある機関に対して十分な量のトラフィック・データを応急的に開示することを確保することを求めています(条約草案一七条)。このうち、後者については、捜査機関が、それによって他のサービス・プロバイダに関する保全措置を講ずるかどうかを判断するためのものであり、この方法によって、捜査機関は通信の発信地に遡って、又は受信地に下って、その通信を追跡することができるようにすることができるとされています。

②提出命令（一八条）

特定の犯罪捜査又は刑事手続のために、コンピュータ・システム又はコンピュータ・データ記憶媒体に既に記憶されているもので、その者が保有・管理する指定されたコンピュータ・データ又はコンピュータ・データ記憶媒体を提出する命令、及び、サービス・プロバイダが保有・管理する加入者データの提出する命令のこと。後者の加入者データは、前述したように、サービス・プロバイダの利用者の住所やアドレスや請求や支払に関する情報等を意味します。

③記憶されたコンピュータ・データの捜索及び押収（一九条）

コンピュータ・システム又はその一部、その中に記憶されたコンピュータ・データそれ自体、コンピュータ・データ記憶媒体の捜索又は押収のこと。なお、押収については、コンピュータ・データの複製の作成及び保持、関連するコンピュータ・データの完全性の維持、当該コンピュータ・データにアクセスできなくすること又はその消去の権限を含むとされています。このうち最後のアクセスできなくすること又はその消去は、そのデータが児童ポルノグラフィのように保持すること自体が違法であるという場合を想定しているとされており、また、一時的に削除されるが、犯罪捜査又は刑事手続が終了すればその返還を受けることができるとされています（児童ポルノグラフィのデータは返還されないでしょうが）。したがって、労働運動や市民運動が蓄積してきたデータを削除したりアクセスできなくすることによって取り返しのつかないことになるとの危惧が指摘されていますが（小倉利丸「サイバー犯罪条約と警察権力のグローバル化」『インパクション』一二五号六二頁）、そのようなことは許されないと解すべきでしょう。

④トラフィック・データのリアルタイム収集（二〇条）

コンピュータ・システムという手段によって伝送され特定された通信と関連するトラフィック・データを、リアルタイムで収集又は記録すること、及び、サービス・プロバイダに対して、収集又は記録させ、又は、権限ある機関に協力又は援助することを強制すること。

これは、トラフィック・データという通信の外形的な情報について、リアルタイムで盗聴することを認める規定です。

⑤コンテント・データの傍受（二一条）

国内法によって決定される「重大犯罪」の範囲内で、コンピュータ・システムという手段によって伝送される特定された通信と関連するコンテント・データを、リアルタイムで収集又は記録すること、及び、サービス・プロバイダに対して、収集又は記録させ、又は、権限ある機関に協力又は援助することを強制すること。

これは、コンテント・データという通信内容それ自体について、リアルタイムで盗聴することを認める規定です。ただ、トラフィック・データのリアルタイム収集とは異なり、通信内容の傍受はまさに検閲となる可能性があることから、「重大犯罪」の場合に限定して盗聴を認めるものですが、「重大犯罪」をどのように定めるかについては加盟国の国内法に委ねられることになっています。

コンピュータ・データに関する現行刑事訴訟法の未対応

ところで、我が国では、サイバー犯罪条約草案が手続規定として新設を求めているコンピュータ情報等に対する捜査については実は全く規定が存在していません。そもそも、現行の刑事訴訟法の捜査は、全て「有体物」を対象としているため、これまで、コンピュータ・データそれ自体を捜索・押収の対象とすることは理論上できませんでした。そのため、これまではコンピュータ・データを蓄積したハードディスクやフロッピーディスクなどのデータ記憶媒体自体を「有体物」とみなして、その媒体に対する捜索・押収を行ってきていたのが実情です。

これに対して、サイバー犯罪条約草案は、コンピュータ・データ自体を犯罪捜査の対象とすることを前提としており、その意味で理論的にも根本的な転換が求められることになります。

その上で、サイバー犯罪条約草案は、大きく二つの捜査方法を規定しています。一つは、既にコンピュータ・システムや記憶媒体に記憶されたコンピュータ・データについては、応急保全命令を出して、それが改変されないようにしておいた上で、提出命令や捜索・押収類似の強制処分を認めて、証拠を獲得する方法です。もう一つは、今後なされる通信に関してリアルタイムで盗聴する方法です。具体的には、トラフィック・データについてはサイバー犯罪条約が定める全ての犯罪について、コンテント・データについては加盟国の国内法で定める「重大犯罪」に限り、リアルタイムで盗聴することを認めようとしています。

コンピュータ・データの記憶媒体に対する捜索・押収以外については、我が国の現行刑事訴訟法では全く対応できないことは明らかであり、サイバー犯罪条約が発効して我が国で批准されれば、新たな立法措置が不可避となります。

実は、法務省は、ネット犯罪が増えることは避けられない状況にあるとして、刑事訴訟法の法改正を軸にさまざまな角度からネット犯罪捜査の具体化に向けた見直しに着手することを表明しています（『産経新聞』二〇〇一年五月一二日付朝刊）。これは、このようなサイバー犯罪条約草案の内容を意識して、それを先取りしようとするものと言えるでしょう。

特に、サイバー犯罪条約草案が、トラフィック・データやコンテント・データのリアルタイムの傍受、すなわち盗聴を認めようとしています。我が国には、既に、「犯罪捜査のための通信傍受に関する法律」（いわゆる盗聴法）が制定され、二〇〇〇年八月一五日から施行されていますが、サイバー犯罪条約草案による盗聴は、コンピュータ・システムを手段とする通信に関しては、より包括的に、しかも、犯罪の後ではなく、現在進行形で盗聴を行うことを認めるものです。条約草案は「重大犯罪」に限定してはいます。しかしながら、「犯罪捜査のための通信傍受に関する法律」が対象犯罪を組織的な殺人と銃器・薬物犯罪に限定していることに対して、対象犯罪を現在よりも拡張する改正を行う動きが出てくる可能性があります。

トラフィック・データについては、通信内容それ自体ではないにしても、通信の経路等を指し示す情報であり、いわば、位置情報とも言えるものです。また、サービス・プロバイダから加入者データを提出させることと併用することにより、誰がその通信をしたのかを容易に特定することができます。

したがって、サイバー犯罪条約草案が規定する犯罪の容疑があれば、たちどころに、その通信の担い手が捜査されて判明することになるとともに、その者の通信のトラフィック・データをリアルタイムに収集して「尾行」することができるのであり、犯罪の容疑者を、コンピュータ・システム上で、完全に、電子的な監視下に置くことができることになります。

このような捜査手法は、「犯罪捜査のための通信傍受に関する法律」と比較しても、遙かに強大な権限を捜査機関に付与するものであり、逆に言えば、市民のコンピュータ・システムを利用する通信が、捜査機関の日常的な監視下に置かれることを意味すると言わなければなりません。

そして、サイバー犯罪条約が発効し批准されれば、これが「犯罪捜査のための通信傍受に関する法律」の改正の理由とされて、より盗聴される要件が緩和され、盗聴される対象が拡大することにもなりかねません。

サイバー犯罪条約草案における国際協力に関連する規定の内容

条約草案は、コンピュータ・システム及びデータに関連した刑事犯罪に関する犯罪捜査及び刑事手続や、刑事犯罪の電子的形式による証拠の収集について、可能な限り広い範囲で相互協力しなければならないとの一般原則を掲げた上で（二三条）、犯罪人の引渡に関する一般原則（二四条）、共助に関する一般原則（二五条）などを規定しています。

国際協力に関して問題となるのは「双罰性」の要件です。双罰性というのは、捜査を要請するA国と要請を受けたB国の間での捜査共助が問題となる場合において、A国の法律でもB国の法律でもいずれも犯罪とされる行為についてのみ捜査共助をすることを意味します。

この点につき、まず、サイバー犯罪条約草案は、要請されたB国の法律においてそれが犯罪とされていれば、要請をしたA国と同一の種類であるか、同一の用語で命名しているかどうかにかかわらず、双罰性の要件を充足されるとみなすと規定して（条約草案二五条五項）、双罰性を緩和しています。

また、コンピュータ・データの応急保全については、双罰性を要求してはならないと規定されており（条約草案二九条三項）、応急保全を要請されるB国の法律によって犯罪とされていない行為に関して、原則として応急保全の措置をとらなければならないとしており、さらに、その要請を実行する過程において、他国のサービス・プロバイダがその通信の伝送に関与していたことを発見した場合には、要請をした加盟国に対して、原則として、その他国のサービス・プロバイダを特定するためのトラフィック・データを応急的に開示しなければならないとされています（条約草案三〇条一項）。

さらに、加盟国は他の加盟国に対してコンピュータ・データに対する捜索・押収に類する確保や開示を要請することができ（条約草案三一条）、トラフィック・データのリアルタイム収集やコンテント・データのリアルタイム傍受についても、互いに共助を提供しなければならないとされています（同三三条、三四条）。これらの共助に関して、双罰性を要件としない趣旨か否かが判然としませんが、そのこと自体が、なし崩し的に、双罰性を要件としないと解釈されて共助の要請がなされ、要請された加盟国は、それを拒むことなく共助していく危険性をはらんでいます。要請された加盟国が、別の事件については要請する立場に立つという逆の場合がありうることを想定すると、いわば「貸し」を作った上で、別の事件では逆に利用することも考えられますので、双罰性の要件はなし崩し的になくなっていく危険性があります。

いずれにしても、サイバー犯罪条約は、犯罪捜査の国際協力において、その一部に双罰性を要件としない場合を認めようとしていますが、これでは、日本国民は、日本国内ではおよそ犯罪ではない行為についても、いつ何時、他の加盟国の法律による犯罪容疑で、要請を受けた日本の捜査機関がサービス・プロバイダからその加入者データが提供されたり、コンピュータ・データの捜索・押収が行われる可能性があります。

これでは条約によって、自国の国民に対して「超法規的措置」がとられることを容認することになります。これでは、憲法で保障されている思想信条の自由やプライバシー、通信の秘密が侵害されることを認めることになってしまいます（園田寿「サイバー犯罪条約」『現代刑事法』二九号三四頁）。これでは自国の憲法や法律が保障する人権や権利を、条約によって放棄することに等しいと言わなければならないと思います。

終わりに

サイバー犯罪条約は、いわゆる「サイバーテロ」だけを対象にするものではなく（組織的犯罪であることも要件とはされていません）、コンピュータを使用した犯罪を対象とするという点で、あまりにも対象が広範です。現在では、ＰＤＡ（携帯端末）や携帯電話もインターネットに接続できるし、機能としてもコンピュータ・システムと言っても決しておかしくないことを考えると、コンピュータを利用した犯罪の範囲は極めて広いと考えられます（園田・前掲三四頁）。

しかも、条約草案は、必ずしもインターネットによって接続されているコンピュータだけでなく、スタンド・アローンのコンピュータ・システムを利用しても、条約が定めるコンピュータ犯罪が成立するとしており、そのような犯罪の取締りまで国際協力して行う必要があるのか疑問です。

さらに、サイバー犯罪条約が定める手続条項（刑事手続法）については、サイバー犯罪条約が新設を求める九つの犯罪類型以外に、「コンピュータ・システムという手段を使用して実行されるその他の刑事犯罪」にも全て適用されることになっており（条約草案一四条二項）、この点からも適用範囲が著しく拡張されています。

以上のような数々の問題点があり、我が国の国内法とは矛盾や齟齬があることから、つい最近までは、オブザーバーとして参加している米国や我が国による署名や批准は難しいだろうと考えられてきました。ところが、最近になって、今秋には、日本やアメリカも含めて、この条約に署名をする方針だと伝えられるに至っています。

そうなれば、それぞれの国内での批准を目指すため、我が国でも国内法の整備がなされることになりますが、国内法との矛盾や齟齬があることから、大きな混乱が生じることは避けられません（牧野二郎「サイバー犯罪防止国際条約への疑問」『ビジネス法務』二〇〇一年九月号七頁）。

警察や法務省にとっては、新たな捜査権限の拡大に繋がる動きですから、むしろこの動きを歓迎し、国際条約という「外圧」を最大限利用しようとするでしょう。そして、刑事訴訟法や「犯罪捜査のための通信傍受に関する法律」を大幅に「改正」しようとする動きが起きるでしょう。

また、仮にサイバー犯罪条約に署名や批准はしなくても、サイバー犯罪条約が「世界標準」とか「国際規格」であるとして、国内法である刑事訴訟法等の「改正」に利用される危険があることには変わりはないと思われます。

私たちは、市民に対する電子的監視を合法化しようとするサイバー犯罪条約の脅威を敏感に感じ取り、これに対する反対の声をあげていくことが求められていると思います。

（二〇〇一年八月二三日記）

犯罪捜査のための通信傍受に関する法律

犯罪捜査のための通信傍受に関する法律

目次

第一章　総則

（目的）

第一条　この法律は、組織的な犯罪が平穏かつ健全な社会生活を著しく害していることにかんがみ、数人の共謀によって実行される組織的な殺人、薬物及び銃器の不正取引に係る犯罪等の重大犯罪において、犯人間の相互連絡等に用いられる電話その他の電気通信の傍受を行わなければ事案の真相を解明することが著しく困難な場合が増加する状況にあることを踏まえ、これに適切に対処するため必要な刑事訴訟法（昭和二十三年法律第百三十一号）に規定する電気通信の傍受を行う強制の処分に関し、通信の秘密を不当に侵害することなく事案の真相の的確な解明に資するよう、その要件、手続その他必要な事項を定めることを目的とする。

（定義）

第二条①　この法律において「通信」とは、電話その他の電気通信であって、その伝送路の全部若しくは一部が有線（有線以外の方式で電波その他の電磁波を送り、又は受けるための電気的設備に附属する有線を除く。）であるもの又はその伝送路に交換設備があるものをいう。

②　この法律において「傍受」とは、現に行われている他人間の通信について、その内容を知るため、当該通信の当事者のいずれの同意も得ないで、これを受けることをいう。

③　この法律において「通信事業者等」とは、電気通信を行うための設備（以下「電気通信設備」という。）を用いて他人の通信を媒介し、その他電気通信設備を他人の通信の用に供する事業を営む者及びそれ以外の者であって自己の業務のために不特定又は多数の者の通信を媒介することのできる電気通信設備を設置している者をいう。

第二章　通信傍受の要件及び実施の手続

（傍受令状）

第三条①　検察官又は司法警察員は、次の各号のいずれかに該当する場合において、当該各号に規定する犯罪（第二号及び第三号にあっては、その一連の犯罪をいう。）の実行、準備又は証拠隠滅等の事後措置に関する謀議、指示その他の相互連絡その他当該犯罪の実行に関連する事項を内容とする通信（以下この項において「犯罪関連通信」という。）が行われると疑うに足りる状況があり、かつ、他の方法によっては、犯人を特定し、又は犯行の状況若しくは内容を明らかにすることが著しく困難であるときは、裁判官の発する傍受令状により、電話番号その他発信元又は発信先を識別するための番号又は符号（以下「電話番号等」という。）によって特定された通信の手段（以下「通信手段」という。）であって、被疑者が通信事業者等との間の契約に基づいて使用しているもの（犯人による犯罪関連通信に用いられる疑いがないと認められるものを除く。）又は犯人による犯罪関連通信に用いられると疑うに足りるものについて、これを用いて行われた犯罪関連通信の傍受をすることができる。

一　別表に掲げる罪が犯されたと疑うに足りる十分な理由がある場合において、当該犯罪が数人の共謀によるものであると疑うに足りる状況があるとき。

二　別表に掲げる罪が犯され、かつ、引き続き次に掲げる罪が犯されると疑うに足りる十分な理由がある場合において、これらの犯罪が数人の共謀によるものであると疑うに足りる状況があるとき。

イ　当該犯罪と同様の態様で犯されるこれと同一又は同種の別表に掲げる罪

ロ　当該犯罪の実行を含む一連の犯行の計画に基づいて犯される別表に掲げる罪

三　死刑又は無期若しくは長期二年以上の懲役若しくは禁錮に当たる罪が別表に掲げる罪と一体のものとしてその実行に必要な準備のために犯され、かつ、引き続き当該別表に掲げる罪が犯されると疑うに足りる十分な理由がある場合において、当該犯罪が数人の共謀によるものであると疑うに足りる状況があるとき。

②　別表に掲げる罪であって、譲渡し、譲受け、貸付け、借受け又は交付の行為を罰するものについては、前項の規定にかかわらず、数人の共謀によるものであると疑うに足りる状況があることを要しない。

③　前二項の規定による傍受は、通信事業者等の看守する場所で行う場合を除き、人の住居又は人の看守する邸宅、建造物若しくは船舶内においては、これをすることができない。ただし、住居主若しくは看守者又はこれらの者に代わるべき者の承諾がある場合は、この限りでない。

（令状請求の手続）

第四条①　傍受令状の請求は、検察官（検事総長が指定する検事に限る。次項及び第七条において同じ。）又は司法警察員（国家公安委員会又は都道府県公安委員会が指定する警視以上の警察官、厚生大臣が指定する麻薬取締官及び海上保安庁長官が指定する海上保安官に限る。同項及び同条において同じ。）から地方裁判所の裁判官にこれをしなければならない。

② 検察官又は司法警察員は、前項の請求をする場合において、当該請求に係る被疑事実の全部又は一部と同一の被疑事実について、前に同一の通信手段を対象とする傍受令状の請求又はその発付があったときは、その旨を裁判官に通知しなければならない。

（傍受令状の発付）

第五条① 前条第一項の請求を受けた裁判官は、同項の請求を理由があると認めるときは、傍受ができる期間として十日以内の期間を定めて、傍受令状を発する。

② 裁判官は、傍受令状を発する場合において、傍受の実施（通信の傍受をすること及び通信手段について直ちに傍受をすることができる状態で通信の状況を監視することをいう。以下同じ。）に関し、適当と認める条件を付することができる。

（傍受令状の記載事項）

第六条 傍受令状には、被疑者の氏名、被疑事実の要旨、罪名、罰条、傍受すべき通信、傍受の実施の対象とすべき通信手段、傍受の実施の方法及び場所、傍受ができる期間、傍受の実施に関する条件、有効期間及びその期間経過後は傍受の処分に着手することができず傍受令状はこれを返還しなければならない旨並びに発付の年月日その他最高裁判所規則で定める事項を記載し、裁判官が、これに記名押印しなければならない。ただし、被疑者の氏名については、これが明らかでないときは、その旨を記載すれば足りる。

（傍受ができる期間の延長）

第七条① 地方裁判所の裁判官は、必要があると認めるときは、検察官又は司法警察員の請求により、十日以内の期間を定めて、傍受ができる期間を延長することができる。ただし、傍受ができる期間は、通じて三十日を超えることができない。

② 前項の延長は、傍受令状に延長する期間及び理由を記載し記名押印してこれをしなければならない。

（同一事実に関する傍受令状の発付）

第八条 裁判官は、傍受令状の請求があった場合において、当該請求に係る被疑事実に前に発付された傍受令状の被疑事実と同一のものが含まれるときは、同一の通信手段については、更に傍受をすることを必要とする特別の事情があると認めるときに限り、これを発付することができる。

（傍受令状の提示）

第九条① 傍受令状は、通信手段の傍受の実施をする部分を管理する者（会社その他の法人又は団体にあっては、その役職員。以下同じ。）又はこれに代わるべき者に示さなければならない。ただし、被疑事実の要旨については、この限りでない。

② 傍受ができる期間が延長されたときも、前項と同様とする。

（必要な処分等）

第一〇条① 傍受の実施については、電気通信設備に傍受のための機器を接続することその他の必要な処分をすることができる。

② 検察官又は司法警察員は、検察事務官又は司法警察職員に前項の処分をさせることができる。

（通信事業者等の協力義務）

第一一条 検察官又は司法警察員は、通信事業者等に対して、傍受の実施に関し、傍受のための機器の接続その他の必要な協力を求めることができる。この場合においては、通信事業者等は、正当な理由がないのに、これを拒んではならない。

（立会い）

第一二条① 傍受の実施をするときは、通信手段の傍受の実施をする部分を管理する者又はこれに代わるべき者を立ち会わせなければならない。これらの者を立ち会わせることができないときは、地方公共団体の職員を立ち会わせなければならない。

② 立会人は、検察官又は司法警察員に対し、当該傍受の実施に関し意見を述べることができる。

（該当性判断のための傍受）

第一三条① 検察官又は司法警察員は、傍受の実施をしている間に行われた通信であって、傍受令状に記載された傍受すべき通信（以下単に「傍受すべき通信」という。）に該当するかどうか明らかでないものについては、傍受すべき通信に該当するかどうかを判断するため、これに必要な最小限度の範囲に限り、当該通信の傍受をすることができる。

② 外国語による通信又は暗号その他その内容を即時に復元することができない方法を用いた通信であって、傍受の時にその内容を知ることが困難なため、傍受すべき通信に該当するかどうかを判断することができないものについては、その全部の傍受をすることができる。この場合においては、速やかに、傍受すべき通信に該当するかどうかの判断を行わなければならない。

（他の犯罪の実行を内容とする通信の傍受）

第一四条 検察官又は司法警察員は、傍受の実施をしている間に、傍受令状に被疑事実として記載されている犯罪以外の犯罪であって、別表に掲げるもの又は死刑若しくは無期若しくは短期一年以上の懲役若しくは禁錮に当たるものを実行したこと、実行していること又は実行することを内容とするものと明らかに認められる通信が行われたときは、当該通信の傍受をすることができる。

（医師等の業務に関する通信の傍受の禁止）

第一五条 医師、歯科医師、助産婦、看護婦、弁護士（外国法事務弁護士を含む。）、弁理士、公証人又は宗教の職にある者（傍受令状に被疑者として記載されている者を除く。）との間の通信については、他人の依頼を受けて行うその業務に関するものと認められるときは、傍受をしてはならない。

（相手方の電話番号等の探知）
第一六条①　検察官又は司法警察員は、傍受の実施をしている間に行われた通信について、これが傍受すべき通信若しくは第十四条の規定により傍受をすることができる通信に該当するものであるとき、又は第十三条の規定による傍受すべき通信に該当するかどうかの判断に資すると認めるときは、傍受の実施の場所において、当該通信の相手方の電話番号等の探知をすることができる。この場合においては、別に令状を必要としない。
②　検察官又は司法警察員は、通信事業者等に対して、前項の処分に関し、必要な協力を求めることができる。この場合においては、通信事業者等は、正当な理由がないのに、これを拒んではならない。
③　検察官又は司法警察員は、傍受の実施の場所以外の場所において第一項の探知のための措置を必要とする場合には、当該措置を執ることができる通信事業者等に対し、同項の規定により行う探知である旨を告知して、当該措置を執ることを要請することができる。この場合においては、前項後段の規定を準用する。

（傍受の実施を中断し又は終了すべき時の措置）
第一七条　傍受令状の記載するところに従い傍受の実施を中断し又は終了すべき時に現に通信が行われているときは、その通信手段の使用（以下「通話」という。）が終了するまで傍受の実施を継続することができる。

（傍受の実施の終了）
第一八条　傍受の実施は、傍受の理由又は必要がなくなったときは、傍受令状に記載された傍受ができる期間内であっても、これを終了しなければならない。

第三章　通信傍受の記録等

（傍受をした通信の記録）
第一九条①　傍受をした通信については、すべて、録音その他通信の性質に応じた適切な方法により記録媒体に記録しなければならない。この場合においては、第二十二条第二項の手続の用に供するため、同時に、同一の方法により他の記録媒体に記録することができる。
②　傍受の実施を中断し又は終了するときは、その時に使用している記録媒体に対する記録を終了しなければならない。

（記録媒体の封印等）
第二〇条①　前条第一項前段の規定により記録をした記録媒体については、傍受の実施を中断し又は終了したときは、速やかに、立会人にその封印を求めなければならない。傍受の実施をしている間に記録媒体の交換をしたときその他記録媒体に対する記録が終了したときも、同様とする。
②　前項の記録媒体については、前条第一項後段の規定により記録をした記録媒体がある場合を除き、立会人にその封印を求める前に、第二十二条第二項の手続の用に供するための複製を作成することができる。
③　立会人が封印をした記録媒体は、遅滞なく、傍受令状

を発付した裁判官が所属する裁判所の裁判官に提出しなければならない。

（傍受の実施の状況を記載した書面の提出等）

第二一条① 検察官又は司法警察員は、傍受の実施の終了後、遅滞なく、次に掲げる事項を記載した書面を、前条第三項に規定する裁判官に提出しなければならない。第七条の規定により傍受ができる期間の延長を請求する時も、同様とする。

一 傍受の実施の開始、中断及び終了の年月日時

二 立会人の氏名及び職業

三 第十二条第二項の規定により立会人が述べた意見

四 傍受の実施をしている間における通話の開始及び終了の年月日時

五 傍受をした通信については、傍受の根拠となった条項、その開始及び終了の年月日時並びに通信の当事者の氏名その他その特定に資する事項

六 第十四条に規定する通信については、当該通信に係る犯罪の罪名及び罰条並びに当該通信が同条に規定する通信に該当すると認めた理由

七 記録媒体の交換をした年月日時

八 前条第一項の規定による封印の年月日時及び封印をした立会人の氏名

九 その他傍受の実施の状況に関し最高裁判所規則で定める事項

② 前項に規定する書面の提出を受けた裁判官は、同項第六号の通信については、これが第十四条に規定する通信に該当するかどうかを審査し、これに該当しないと認めるときは、当該通信の傍受の処分を取り消すものとする。この場合においては、第二十六条第三項、第五項及び第六項の規定を準用する。

（傍受記録の作成）

第二二条① 検察官又は司法警察員は、傍受の実施を中断し又は終了したときは、その都度、速やかに、傍受をした通信の内容を刑事手続において使用するための記録（以下「傍受記録」という。）一通を作成しなければならない。傍受の実施をしている間に記録媒体の交換をしたときその他記録媒体に対する記録が終了したときも、同様とする。

② 傍受記録は、第十九条第一項後段の規定により記録をした記録媒体又は第二十条第二項の規定により作成した複製から、次に掲げる通信以外の通信の記録を消去して作成するものとする。

一 傍受すべき通信に該当する通信

二 第十三条第二項の規定により傍受をした通信であって、なおその内容を復元するための措置を要するもの

三 第十四条の規定により傍受をした通信及び第十三条第二項の規定により傍受をした通信であって第十四条に規定する通信に該当すると認められるに至ったもの

四 前三号に掲げる通信と同一の通話の機会に行われた通信

③　前項第二号に掲げる通信の記録については、当該通信が傍受すべき通信及び第十四条に規定する通信に該当しないことが判明したときは、傍受記録から当該通信の記録及び当該通信に係る同項第四号に掲げる通信の記録を消去しなければならない。ただし、当該通信と同一の通話の機会に行われた同項第一号から第三号までに掲げる通信があるときは、この限りでない。

④　検察官又は司法警察員は、傍受記録を作成した場合において、他に第二十条第三項の規定により裁判官に提出した記録媒体（以下「傍受の原記録」という。）以外の傍受をした通信の記録をした記録媒体又はその複製等（複製その他記録の内容の全部又は一部をそのまま記録した物及び書面をいう。以下同じ。）があるときは、その記録の全部を消去しなければならない。前項の規定により傍受記録から記録を消去した場合において、他に当該記録の複製等があるときも、同様とする。

⑤　検察官又は司法警察員は、傍受をした通信であって、傍受記録に記録されたもの以外のものについては、その内容を他人に知らせ、又は使用してはならない。その職を退いた後も、同様とする。

（通信の当事者に対する通知）

第二三条①　検察官又は司法警察員は、傍受記録に記録されている通信の当事者に対し、傍受記録を作成した旨及び次に掲げる事項を書面で通知しなければならない。

一　当該通信の開始及び終了の年月日時並びに相手方の氏名（判明している場合に限る。）

二　傍受令状の発付の年月日

三　傍受の実施の開始及び終了の年月日

四　傍受の実施の対象とした通信手段

五　傍受令状に記載された罪名及び罰条

六　第十四条に規定する通信については、その旨並びに当該通信に係る犯罪の罪名及び罰条

②　前項の通知は、通信の当事者が特定できない場合又はその所在が明らかでない場合を除き、傍受の実施が終了した後三十日以内にこれを発しなければならない。ただし、地方裁判所の裁判官は、捜査が妨げられるおそれがあると認めるときは、検察官又は司法警察員の請求により、六十日以内の期間を定めて、この項の規定により通知を発しなければならない期間を延長することができる。

③　検察官又は司法警察員は、前項本文に規定する期間が経過した後に、通信の当事者が特定された場合又はその所在が明らかになった場合には、当該通信の当事者に対し、速やかに、第一項の通知を発しなければならない。この場合においては、前項ただし書の規定を準用する。

（傍受記録の聴取及び閲覧等）

第二四条　前条第一項の通知を受けた通信の当事者は、傍受記録のうち当該通信に係る部分を聴取し、若しくは閲覧し、又はその複製を作成することができる。

（傍受の原記録の聴取及び閲覧等）

第二五条① 傍受の原記録を保管する裁判官（以下「原記録保管裁判官」という。）は、傍受記録に記録されている通信の当事者が、前条の規定により、傍受記録のうち当該通信に係る部分を聴取し、若しくは閲覧し、又はその複製を作成した場合において、傍受記録の正確性の確認のために必要があると認めるときその他正当な理由があると認めるときは、当該通信の当事者の請求により、傍受の原記録のうち当該通信に相当する部分を聴取し、若しくは閲覧し、又はその複製を作成することを許可しなければならない。

② 原記録保管裁判官は、傍受をされた通信の内容の確認のために必要があると認めるときその他正当な理由があると認めるときは、傍受記録に記録されている通信以外の通信の当事者の請求により、傍受の原記録のうち当該通信に係る部分を聴取し、若しくは閲覧し、又はその複製を作成することを許可しなければならない。

③ 原記録保管裁判官は、傍受が行われた事件に関し、犯罪事実の存否の証明又は傍受記録の正確性の確認のために必要があると認めるときその他正当な理由があると認めるときは、検察官又は司法警察員の請求により、傍受の原記録のうち必要と認める部分を聴取し、若しくは閲覧し、又はその複製を作成することを許可することができる。ただし、複製の作成については、次に掲げる通信（傍受記録に記録されているものを除く。）に係る部分に限る。

一 傍受すべき通信に該当する通信

二 犯罪事実の存否の証明に必要な証拠となる通信（前号に掲げる通信を除く。）

三 前二号に掲げる通信と同一の通話の機会に行われた通信

④ 次条第三項（第二十一条第二項において準用する場合を含む。以下この項において同じ。）の規定により記録の消去を命じた裁判がある場合においては、前項の規定による複製を作成することの許可の請求は、同項の規定にかかわらず、当該裁判により消去を命じられた記録に係る通信が新たに同項第一号又は第二号に掲げる通信であって他にこれに代わるべき適当な証明方法がないものであることが判明するに至った場合に限り、傍受の原記録のうち当該通信及びこれと同一の通話の機会に行われた通信に係る部分について、することができる。ただし、当該裁判が次条第三項第二号に該当するとしてこれらの通信の記録の消去を命じたものであるときは、この請求をすることができない。

⑤ 原記録保管裁判官は、検察官により傍受記録又はその複製等の取調べの請求があった被告事件に関し、被告人の防御又は傍受記録の正確性の確認のために必要があると認めるときその他正当な理由があると認めるときは、被告人又はその弁護人の請求により、傍受の原記録のうち必要と認める部分を聴取し、若しくは閲覧し、又はその複製を作成することを許可することができる。ただし、

被告人が当事者でない通信に係る部分の複製の作成については、当該通信の当事者のいずれかの同意がある場合に限る。

⑥　検察官又は司法警察員が第三項の規定により作成した複製は、傍受記録とみなす。この場合において、第二十三条の規定の適用については、同条第一項中「次に掲げる事項」とあるのは「次に掲げる事項並びに第二十五条第三項の複製を作成することの許可があった旨及びその年月日」とし、同条第二項中「傍受の実施が終了した後」とあるのは「複製を作成した後」とする。

⑦　傍受の原記録については、第一項から第五項までの規定による場合のほか、これを聴取させ、若しくは閲覧させ、又はその複製を作成させてはならない。ただし、裁判所又は裁判官が、刑事訴訟法の定めるところにより、検察官により傍受記録若しくはその複製等の取調べの請求があった被告事件又は傍受に関する刑事の事件の審理又は裁判のために必要があると認めて、傍受の原記録のうち必要と認める部分を取り調べる場合においては、この限りでない。

（不服申立て）

第二六条①　裁判官がした通信の傍受に関する裁判に不服がある者は、その裁判官が所属する裁判所に、その裁判の取消し又は変更を請求することができる。

②　検察官又は検察事務官がした通信の傍受に関する処分に不服がある者はその検察官又は検察事務官が所属する検察庁の所在地を管轄する地方裁判所に、司法警察職員がした通信の傍受に関する処分に不服がある者はその職務執行地を管轄する地方裁判所に、その処分の取消し又は変更（傍受の実施の終了を含む。）を請求することができる。

③　裁判所は、前項の請求により傍受の処分を取り消す場合において、次の各号のいずれかに該当すると認めるときは、検察官又は司法警察員に対し、その保管する傍受記録（前条第六項の規定により傍受記録とみなされたものを除く。以下この項において同じ。）及びその複製等のうち当該傍受の処分に係る通信及びこれと同一の通話の機会に行われた通信の記録の消去を命じなければならない。ただし、第三号に該当すると認める場合において、当該記録の消去を命ずることが相当でないと認めるときは、この限りでない。

一　当該傍受に係る通信が、第二十二条第二項各号に掲げる通信のいずれにも当たらないとき。

二　当該傍受において、通信の当事者の利益を保護するための手続に重大な違法があるとき。

三　前二号に該当する場合を除き、当該傍受の手続に違法があるとき。

④　前条第三項の複製を作成することの許可が取り消されたときは、検察官又は司法警察員は、その保管する同条第六項の規定によりみなされた傍受記録（その複製等を含む。）のうち当該取り消された許可に係る部分を消去

しなければならない。

⑤　第三項に規定する記録の消去を命ずる裁判又は前項に規定する複製を作成することの許可の取消しの裁判は、当該傍受記録又はその複製等について既に被告事件において証拠調べがされているときは、証拠から排除する決定がない限り、これを当該被告事件に関する手続において証拠として用いることを妨げるものではない。

⑥　前項に規定する裁判があった場合において、当該傍受記録について既に被告事件において証拠調べがされているときは、当該被告事件に関する手続においてその内容を他人に知らせ又は使用する場合以外の場合においては、当該傍受記録について第三項の裁判又は第四項の規定による消去がされたものとみなして、第二十二条第五項の規定を適用する。

⑦　第一項及び第二項の規定による不服申立てに関する手続については、この法律に定めるもののほか、刑事訴訟法第四百二十九条第一項及び第四百三十条第一項の請求に係る手続の例による。

（傍受の原記録の保管期間）

第二七条①　傍受の原記録は、第二十条第三項の規定による提出の日から五年を経過する日又は傍受記録若しくはその複製等が証拠として取り調べられた被告事件若しくは傍受に関する刑事の事件の終結の日から六月を経過する日のうち最も遅い日まで保管するものとする。

②　原記録保管裁判官は、必要があると認めるときは、前項の保管の期間を延長することができる。

第四章　通信の秘密の尊重等

（関係者による通信の秘密の尊重等）

第二八条　検察官、検察事務官及び司法警察職員並びに弁護人その他通信の傍受に関与し、又はその状況若しくは傍受をした通信の内容を職務上知り得た者は、通信の秘密を不当に害しないように注意し、かつ、捜査の妨げとならないように注意しなければならない。

（国会への報告等）

第二九条　政府は、毎年、傍受令状の請求及び発付の件数、その請求及び発付に係る罪名、傍受の対象とした通信手段の種類、傍受の実施をした期間、傍受の実施をしている間における通話の回数、このうち第二十二条第二項第一号又は第三号に掲げる通信が行われたものの数並びに傍受が行われた事件に関して逮捕した人員数を国会に報告するとともに、公表するものとする。ただし、罪名については、捜査に支障を生ずるおそれがあるときは、その支障がなくなった後においてこれらの措置を執るものとする。

（通信の秘密を侵す行為の処罰等）

第三〇条①　捜査又は調査の権限を有する公務員が、その捜査又は調査の職務に関し、電気通信事業法（昭和五十九年法律第八十六号）第百四条第一項又は有線電気通信法（昭和二十八年法律第九十六号）第十四条第一項の罪を犯したときは、三年以下の懲役又は百万円以下の罰金に処する。

② 前項の罪の未遂は、罰する。

③ 前二項の罪について告訴又は告発をした者は、検察官の公訴を提起しない処分に不服があるときは、刑事訴訟法第二百六十二条第一項の請求をすることができる。

第五章　補則

（刑事訴訟法との関係）

第三十一条　通信の傍受に関する手続については、この法律に特別の定めがあるもののほか、刑事訴訟法による。

（最高裁判所規則）

第三十二条　この法律に定めるもののほか、傍受令状の発付、傍受ができる期間の延長、記録媒体の封印及び提出、傍受の原記録の保管その他の取扱い、傍受の実施の状況を記載した書面の提出、第十四条に規定する通信に該当するかどうかの審査、通信の当事者に対する通知を発しなければならない期間の延長、裁判所が保管する傍受記録の聴取及び閲覧並びにその複製の作成並びに不服申立てに関する手続について必要な事項は、最高裁判所規則で定める。

附則

（施行期日）

① この法律は、公布の日から起算して一年を超えない範囲内において政令で定める日から施行する。

（有線電気通信法の一部改正）

② 有線電気通信法の一部を次のように改正する。

第十四条第一項中「一年」を「二年」に、「二十万円」を「五十万円」に改め、同条第二項中「二年」を「三年」に、「三十万円」を「百万円」に改める。

（電気通信事業法の一部改正）

③ 電気通信事業法の一部を次のように改正する。

第百四条第一項中「一年」を「二年」に、「三十万円」を「五十万円」に改め、同条第二項中「二年」を「三年」に、「五十万円」を「百万円」に改める。

別表（第三条、第十四条関係）

一　大麻取締法（昭和二十三年法律第百二十四号）第二十四条（栽培、輸入等）又は第二十四条の二（所持、譲渡し等）の罪

二　覚せい剤取締法（昭和二十六年法律第二百五十二号）第四十一条（輸入等）若しくは第四十一条の二（所持、譲渡し等）の罪、同法第四十一条の三第一項第三号（覚せい剤原料の輸入等）若しくは第四号（覚せい剤原料の製造）の罪若しくはこれらの罪に係る同条第二項（営利目的の覚せい剤原料の輸入等）の罪若しくはこれらの罪の未遂罪又は同法第四十一条の四第一項第三号（覚せい剤原料の所持）若しくは第四号（覚せい剤原料の譲渡し等）の罪若しくはこれらの罪に係る同条第二項（営利目的の覚せい剤原料の所持、譲渡し等）の罪若しくはこれらの罪の未遂罪

三　出入国管理及び難民認定法（昭和二十六年政令第三百十九号）第七十四条（集団密航者を不法入国させる行為

等）、第七十四条の二（集団密航者の輸送）又は第七十四条の四（集団密航者の収受等）の罪

四　麻薬及び向精神薬取締法（昭和二十八年法律第十四号）第六十四条（ジアセチルモルヒネ等の輸入等）、第六十四条の二（ジアセチルモルヒネ等の譲渡し、所持等）、第六十五条（ジアセチルモルヒネ等以外の麻薬の輸入等）、第六十六条（ジアセチルモルヒネ等以外の麻薬の譲渡し、所持等）、第六十六条の三（向精神薬の輸入等）又は第六十六条の四（向精神薬の譲渡し等）の罪

五　武器等製造法（昭和二十八年法律第百四十五号）第三十一条（銃砲の無許可製造）又は第三十一条の二第一号（銃砲以外の武器の無許可製造）の罪

六　あへん法（昭和二十九年法律第七十一号）第五十一条（けしの栽培、あへんの輸入等）又は第五十二条（あへん等の譲渡し、所持等）の罪

七　銃砲刀剣類所持等取締法（昭和三十三年法律第六号）第三十一条から第三十一条の四まで（けん銃等の発射、輸入、所持、譲渡し等）、第三十一条の七から第三十一条の九まで（けん銃実包の輸入、所持、譲渡し等）、第三十一条の十一第一項第二号（けん銃部品の輸入）若しくは第二項（未遂罪）又は第三十一条の十六第一項第二号（けん銃部品の所持）若しくは第三号（けん銃部品の譲渡し等）若しくは第二項（未遂罪）の罪

八　国際的な協力の下に規制薬物に係る不正行為を助長する行為等の防止を図るための麻薬及び向精神薬取締法等の特例等に関する法律（平成三年法律第九十四号）第五条（業として行う不法輸入等）の罪

九　組織的な犯罪の処罰及び犯罪収益の規制等に関する法律（平成十一年法律第百三十六号）第三条第一項第三号に掲げる罪に係る同条（組織的な殺人）の罪又はその未遂罪

住民基本台帳法

住民基本台帳法

第四章の二　本人確認情報の処理及び利用等

第一節　住民票コード

（住民票コードの記載等）

第三〇条の二①　市町村長は、次項に規定する場合を除き、住民票の記載をする場合には、当該記載に係る者につき直近に住民票の記載をした市町村長が当該住民票に直近に記載した住民票コードを記載するものとする。

②　市町村長は、新たにその市町村の住民基本台帳に記録されるべき者につき住民票の記載をする場合において、その者がいずれの市町村においても住民基本台帳に記録されたことがない者であるときは、その者に係る住民票に第三〇条の七第一項の規定により都道府県知事から指定された住民票コードのうちから選択するいずれか一の住民票コードを記載するものとする。この場合において、市町村長は、当該記載に係る者以外の者に係る住民票に記載した住民票コードと異なる住民票コードを選択して記載するものとする。

③　市町村長は、前項の規定により住民票コードを記載したときは、速やかに、当該記載に係る者に対し、その旨及び当該住民票コードを書面により通知しなければならない。

（住民票コードの記載の変更請求）

第三〇条の三①　住民基本台帳に記録されている者は、その者が記録されている住民基本台帳を備える市町村の市町村長に対し、その者に係る住民票に記載されている住民票コードの記載の変更を請求することができる。

②　前項の規定による住民票コードの記載の変更の請求（以下この条において「変更請求」という。）をしようとする者は、政令で定めるところにより、その旨その他総務省令で定める事項を記載した変更請求書を、その者が記録されている住民基本台帳を備える市町村の市町村長

に提出しなければならない。

③　市町村長は、前項の変更請求書の提出があつた場合には、当該変更請求をした者に係る住民票に従前記載されていた住民票コードに代えて、第三〇条の七第一項の規定により都道府県知事から指定された住民票コードのうちから選択するいずれか一の新たな住民票コードをその者に係る住民票に記載するものとする。この場合において、市町村長は、当該記載に係る者以外の者に係る住民票に記載した住民票コードと異なる住民票コードを選択して記載するものとする。

④　市町村長は、前項の規定により新たな住民票コードを記載したときは、速やかに、当該変更請求をした者に対し、住民票コードの記載の変更をした旨及び新たに記載された住民票コードを書面により通知しなければならない。

（政令への委任）

第三〇条の四　前二条に定めるもののほか、住民票コードの記載に関し必要な事項は、政令で定める。

（都道府県知事への通知）

第三〇条の五①　市町村長は、住民票の記載、消除又は第七条第一号から第三号まで、第七号及び第一三号に掲げる事項（同条第七号に掲げる事項については、住所とする。以下この項において同じ。）の全部若しくは一部についての記載の修正を行つた場合には、当該住民票の記載等に係る本人確認情報（住民票に記載されている同条第一号から第三号まで、第七号及び第一三号に掲げる事項（住民票の消除を行つた場合には、当該住民票に記載されていたこれらの事項）並びに住民票の記載等に関する事項で政令で定めるものをいう。以下同じ。）を都道府県知事に通知するものとする。

②　前項の規定による通知は、総務省令で定めるところにより、市町村長の使用に係る電子計算機から電気通信回線を通じて都道府県知事の使用に係る電子計算機に送信することによつて行うものとする。

③　第一項の規定による通知を受けた都道府県知事は、総務省令で定めるところにより、当該通知に係る本人確認情報を磁気ディスクに記録し、これを当該通知の日から政令で定める期間保存しなければならない。

（他の市町村への本人確認情報の提供）

第三〇条の六　市町村長は、他の市町村の市町村長その他の執行機関であつて条例で定めるものから条例で定める事務の処理に関し求めがあつたときは、条例で定めるところにより、本人確認情報を提供するものとする。

第二節　都道府県の事務等

（都道府県知事の事務）

第三〇条の七①　都道府県知事は、総務省令で定めるところにより、当該都道府県の区域内の市町村の市町村長ごとに、当該市町村長が住民票に記載することのできる住民票コードを指定し、これを当該市町村長に通知するものとする。

② 都道府県知事は、前項の規定による住民票コードの指定を行う場合には、総務省令で定めるところにより、あらかじめ他の都道府県知事と協議し、市町村長に対して指定する住民票コードが当該指定前に当該都道府県知事若しくは他の都道府県知事が指定した住民票コード又は他の都道府県知事が指定しようとする住民票コードと重複しないよう調整を図るものとする。

③ 都道府県知事は、別表第一の上欄に掲げる国の機関又は法人から同表の下欄に掲げる事務の処理に関し、住民の居住関係の確認のための求めがあつたときに限り、政令で定めるところにより、保存期間に係る本人確認情報（第三〇条の五第一項の規定による通知に係る本人確認情報であつて同条第三項の規定による保存期間が経過していないものをいう。以下同じ。）を提供するものとする。

④ 都道府県知事は、次の各号のいずれかに該当する場合には、第一号又は第三号に掲げる場合にあつては政令で定めるところにより、第二号に掲げる場合にあつては条例で定めるところにより、当該都道府県の区域内の市町村の市町村長その他の執行機関（以下この項及び第三〇条の一〇第一項第四号において「区域内の市町村の執行機関」という。）に対し、保存期間に係る本人確認情報を提供するものとする。

一　区域内の市町村の執行機関であつて別表第二の上欄に掲げるものから同表の下欄に掲げる事務の処理に関し求めがあつたとき。

二　区域内の市町村の執行機関であつて条例で定めるものから条例で定める事務の処理に関し求めがあつたとき。

三　当該都道府県の区域内の市町村の市町村長から住民基本台帳に関する事務の処理に関し求めがあつたとき。

⑤ 都道府県知事は、次の各号のいずれかに該当する場合には、第一号又は第三号に掲げる場合にあつては政令で定めるところにより、第二号に掲げる場合にあつては条例で定めるところにより、他の都道府県の都道府県知事その他の執行機関（以下この項及び第三〇条の一〇第一項第五号において「他の都道府県の執行機関」という。）に対し、保存期間に係る本人確認情報を提供するものとする。

一　他の都道府県の執行機関であつて別表第三の上欄に掲げるものから同表の下欄に掲げる事務の処理に関し求めがあつたとき。

二　他の都道府県の執行機関であつて条例で定めるものから条例で定める事務の処理に関し求めがあつたとき。

三　他の都道府県の都道府県知事から第一〇項に規定する事務の処理に関し求めがあつたとき。

⑥ 都道府県知事は、次の各号のいずれかに該当する場合には、第一号又は第三号に掲げる場合にあつては政令で

定めるところにより、第二号に掲げる場合にあつては条例で定めるところにより、他の都道府県の区域内の市町村の市町村長その他の執行機関（以下この項及び第三〇条の一〇第一項第六号において「他の都道府県の区域内の市町村の執行機関」という。）に対し、保存期間に係る本人確認情報を提供するものとする。

一　当該他の都道府県の都道府県知事を経て当該他の都道府県の区域内の市町村の執行機関であつて別表第四の上欄に掲げるものから同表の下欄に掲げる事務の処理に関し求めがあつたとき。

二　当該他の都道府県の都道府県知事を経て当該他の都道府県の区域内の市町村の執行機関であつて条例で定めるものから条例で定める事務の処理に関し求めがあつたとき。

三　当該他の都道府県の都道府県知事を経て当該他の都道府県の区域内の市町村の市町村長から住民基本台帳に関する事務の処理に関し求めがあつたとき。

⑦　第五項の規定による本人確認情報の同項第三号に規定する他の都道府県の都道府県知事への提供は、総務省令で定めるところにより、都道府県知事の使用に係る電子計算機から電気通信回線を通じて相手方である他の都道府県の都道府県知事の使用に係る電子計算機に送信することによつて行うものとする。ただし、特別の求めがあつたときは、この限りでない。

⑧　都道府県知事（第三〇条の一〇第三項に規定する委任都道府県知事を除く。）は、毎年少なくとも一回、第三項の規定による本人確認情報の提供の状況について、総務省令で定めるところにより、報告書を作成し、これを公表するものとする。

⑨　都道府県知事は、第三〇条の五第二項の規定による電気通信回線を通じた本人確認情報の送信その他この章に規定する市町村の事務の処理に関し、当該都道府県の区域内の市町村相互間における必要な連絡調整を行うものとする。

⑩　都道府県知事は、当該都道府県の区域内の市町村の住民基本台帳に住民に関する正確な記録が行われるよう、市町村長に対し、必要な協力をするものとする。

（都道府県における本人確認情報の利用）

第三〇条の八①　都道府県知事は、次の各号のいずれかに該当する場合には、保存期間に係る本人確認情報を利用することができる。

一　別表第五に掲げる事務を遂行するとき。

二　条例で定める事務を遂行するとき。

三　本人確認情報の利用につき当該本人確認情報に係る本人が同意した事務を遂行するとき。

四　統計資料の作成を行うとき。

②　都道府県知事は、都道府県知事以外の当該都道府県の執行機関であつて条例で定めるものから条例で定める事務の処理に関し求めがあつたときは、条例で定めるところにより、保存期間に係る本人確認情報を提供するもの

とする。

（都道府県の審議会の設置）

第三〇条の九①　都道府県に、第三〇条の五第一項の規定による通知に係る本人確認情報の保護に関する審議会（以下「都道府県の審議会」という。）を置く。

②　都道府県の審議会は、この法律の規定によりその権限に属させられた事項を調査審議するほか、都道府県知事の諮問に応じ、当該都道府県における第三〇条の五第一項の規定による通知に係る本人確認情報の保護に関する事項を調査審議し、及びこれらの事項に関して都道府県知事に建議することができる。

③　都道府県の審議会の組織及び運営に関し必要な事項は、条例で定める。

第三節　指定情報処理機関

（指定情報処理機関の指定等）

第三〇条の一〇①　都道府県知事は、総務大臣の指定する者（以下「指定情報処理機関」という。）に、次に掲げる事務（以下「本人確認情報処理事務」という。）を行わせることができる。

一　第三〇条の七第一項の規定による住民票コードの指定及びその通知

二　第三〇条の七第二項の規定による協議及び調整

三　第三〇条の七第三項の規定による本人確認情報の別表第一の上欄に掲げる国の機関及び法人への提供

四　第三〇条の七第四項の規定による本人確認情報の別表第二の上欄に掲げる区域内の市町村の執行機関及び同項第三号に規定する当該都道府県の区域内の市町村の市町村長への提供

五　第三〇条の七第五項の規定による本人確認情報の別表第三の上欄に掲げる他の都道府県の執行機関及び同項第三号に規定する他の都道府県の都道府県知事への提供

六　第三〇条の七第六項の規定による本人確認情報の別表第四の上欄に掲げる他の都道府県の区域内の市町村の執行機関及び同項第三号に規定する他の都道府県の区域内の市町村の市町村長への提供

七　第三七条第二項の規定による本人確認情報に関する資料の国の行政機関への提供

②　前項の規定による指定は、本人確認情報処理事務を行おうとする者の申請により行う。

③　第一項の規定により指定情報処理機関にその本人確認情報処理事務を行わせることとした都道府県知事（以下「委任都道府県知事」という。）は、本人確認情報処理事務（同項第四号及び第七号に掲げる事務を除く。）を行わないものとする。

④　委任都道府県知事は、指定情報処理機関に第一項の規定により指定情報処理機関が行う第三〇条の七第三項の規定による本人確認情報の提供に係る手数料（次項において「情報提供手数料」という。）を指定情報処理機関の収入として収受させることができる。

⑤　前項の場合における情報提供手数料の額は、委任都道府県知事の統括する都道府県の条例で定めるところにより、指定情報処理機関が定めるものとする。この場合において、指定情報処理機関は、あらかじめ、当該情報提供手数料の額について委任都道府県知事の承認を受けなければならない。

（指定情報処理機関への通知等）

第三〇条の一一①　委任都道府県知事は、第三〇条の五第一項の規定による通知に係る本人確認情報を、指定情報処理機関に通知するものとする。

②　前項の規定による通知は、総務省令で定めるところにより、委任都道府県知事の使用に係る電子計算機から電気通信回線を通じて指定情報処理機関の使用に係る電子計算機に送信することによつて行うものとする。

③　第一項の規定による通知を受けた指定情報処理機関は、総務省令で定めるところにより、当該通知に係る本人確認情報を磁気ディスクに記録し、これを当該通知の日から政令で定める期間保存しなければならない。

④　前条第一項の規定により指定情報処理機関が行う第三〇条の七第五項の規定による本人確認情報の同項第三号に規定する他の都道府県の都道府県知事への提供は、総務省令で定めるところにより、指定情報処理機関の使用に係る電子計算機から電気通信回線を通じて相手方である都道府県知事の使用に係る電子計算機に送信することによつて行うものとする。ただし、特別の求めがあつたときは、この限りでない。

⑤　指定情報処理機関は、その事務を管理し、又は執行するに当たつて、第三〇条の五第三項の規定により委任都道府県知事の磁気ディスクに記録された本人確認情報に誤りがあることを知つたときは、遅滞なく、その旨を当該委任都道府県知事に通報するものとする。

⑥　指定情報処理機関は、毎年少なくとも一回、前条第一項の規定により当該指定情報処理機関が行う第三〇条の七第三項の規定による本人確認情報の提供の状況について、総務省令で定めるところにより、報告書を作成し、これを公表しなければならない。

⑦　指定情報処理機関は、委任都道府県知事に対し、第三〇条の五第一項の規定による通知に係る本人確認情報の電子計算機処理（電子計算機を使用して行われる情報の入力、蓄積、編集、加工、修正、更新、検索、消去、出力又はこれらに類する処理をいう。以下同じ。）に関し必要な技術的な助言及び情報の提供を行うものとする。

⑧　指定情報処理機関は、委任都道府県知事の統括する都道府県の区域内の市町村の住民基本台帳に住民に関する正確な記録が行われるよう、委任都道府県知事に対し、必要な協力をしなければならない。

（指定の基準）

第三〇条の一二①　総務大臣は、他に第三〇条の一〇第一項の規定による指定を受けた者がなく、かつ、同条第二項の規定による申請が次の基準に適合していると認めるときでなければ、同条第一項の規定による指定をしてはならない。

一　職員、設備、本人確認情報処理事務等（指定情報処理機関が行う本人確認情報処理事務、前条第三項及び第五項から第八項までに規定する事務並びに第三〇条の三七、第三〇条の三八及び第三〇条の四〇に規定する事務をいう。以下同じ。）の実施の方法その他の事項についての本人確認情報処理事務等の実施に関する計画が本人確認情報処理事務等の適正かつ確実な実施及び本人確認情報の保護のために適切なものであること。

二　前号の本人確認情報処理事務等の実施に関する計画の適正かつ確実な実施に必要な経理的及び技術的な基礎を有するものであること。

三　民法（明治二九年法律第八九号）第三四条の規定により設立された法人であつて、地方公共団体が基本財産たる財産の全部又は一部を拠出しているものであること。

四　申請者が、本人確認情報処理事務等以外の業務を行つている場合には、その業務を行うことによつて本人確認情報処理事務等の適切な執行が困難となるおそれがないこと。

②　総務大臣は、第三〇条の一〇第二項の規定による申請をした者が、次のいずれかに該当するときは、同条第一項の規定による指定をしてはならない。

一　この法律に違反して、刑に処せられ、その執行を終わり、又は執行を受けることがなくなつた日から起算して二年を経過しない者であること。

二　第三〇条の二五第一項又は第二項の規定により指定を取り消され、その取消しの日から起算して二年を経過しない者であること。

三　その役員のうちに、次のいずれかに該当する者があること。

イ　第一号に該当する者

ロ　第三〇条の一六第二項の規定による命令により解任され、その解任の日から起算して二年を経過しない者

（指定の公示等）

第三〇条の一三①　総務大臣は、第三〇条の一〇第一項の規定による指定をしたときは、当該指定情報処理機関の名称及び主たる事務所の所在地並びに当該指定をした日を公示しなければならない。

②　指定情報処理機関は、その名称又は主たる事務所の所在地を変更しようとするときは、変更しようとする日の二週間前までに、その旨を総務大臣に届け出なければならない。

③　総務大臣は、前項の規定による届出があつたときは、その旨を公示しなければならない。

第三〇条の一四①　委任都道府県知事は、第三〇条の一〇第一項の規定により指定情報処理機関にその本人確認情報処理事務を行わせることとした旨を総務大臣に報告し、及び他の都道府県知事に通知するとともに、当該指

定情報処理機関に本人確認情報処理事務を行わせることとした日を公示しなければならない。
② 指定情報処理機関は、その名称又は主たる事務所の所在地を変更しようとするときは、変更しようとする日の二週間前までに、その旨を委任都道府県知事に届け出なければならない。
③ 委任都道府県知事は、前項の規定による届出があったときは、その旨を公示しなければならない。

（本人確認情報保護委員会の設置）

第三〇条の一五① 指定情報処理機関には、本人確認情報保護委員会を置かなければならない。
② 本人確認情報保護委員会は、指定情報処理機関の代表者の諮問に応じ、第三〇条の一一第一項の規定による通知に係る本人確認情報の保護に関する事項を調査審議し、及びこれに関し必要と認める意見を指定情報処理機関の代表者に述べることができる。
③ 本人確認情報保護委員会の委員は、学識経験を有する者のうちから、指定情報処理機関の代表者が任命する。

（役員の選任及び解任）

第三〇条の一六① 指定情報処理機関の役員の選任及び解任は、総務大臣の認可を受けなければ、その効力を生じない。
② 総務大臣は、指定情報処理機関の役員が、この法律、この法律に基づく命令若しくは処分若しくは第三〇条の一八第一項の本人確認情報管理規程に違反する行為をしたとき、又は本人確認情報処理事務等に関し著しく不適当な行為をしたときは、指定情報処理機関に対し、その役員を解任すべきことを命ずることができる。

（役職員等の秘密保持義務等）

第三〇条の一七① 指定情報処理機関の役員若しくは職員（本人確認情報保護委員会の委員を含む。第三項において同じ。）又はこれらの職にあった者は、本人確認情報処理事務等に関して知り得た秘密を漏らしてはならない。
② 指定情報処理機関から第三〇条の一一第一項の規定による通知に係る本人確認情報の電子計算機処理等（電子計算機処理又はせん孔業務その他の情報の入力のための準備作業若しくは磁気ディスクの保管をいう。以下同じ。）の委託を受けた者若しくはその役員若しくは職員又はこれらの者であった者は、その委託された業務に関して知り得た本人確認情報に関する秘密又は本人確認情報の電子計算機処理等に関する秘密を漏らしてはならない。
③ 本人確認情報処理事務等に従事する指定情報処理機関の役員及び職員は、刑法（明治四〇年法律第四五号）その他の罰則の適用については、法令により公務に従事する職員とみなす。

（本人確認情報管理規程）

第三〇条の一八① 指定情報処理機関は、総務省令で定める本人確認情報処理事務等の実施に関する事項について本人確認情報管理規程を定め、総務大臣の認可を受けなければならない。これを変更しようとするときも、同様とする。

② 指定情報処理機関は、前項後段の規定により本人確認情報管理規程を変更しようとするときは、委任都道府県知事の意見を聴かなければならない。

③ 総務大臣は、第一項の規定により認可をした本人確認情報管理規程が本人確認情報処理事務等の適正かつ確実な実施上不適当となつたと認めるときは、指定情報処理機関に対し、これを変更すべきことを命ずることができる。

（事業計画の認可等）

第三〇条の一九① 指定情報処理機関は、毎事業年度、事業計画及び収支予算を作成し、当該事業年度の開始前に（第三〇条の一〇第一項の規定による指定を受けた日の属する事業年度にあつては、その指定を受けた後遅滞なく）、総務大臣の認可を受けなければならない。これを変更しようとするときも、同様とする。

② 指定情報処理機関は、事業計画及び収支予算を作成し、又は変更しようとするときは、委任都道府県知事の意見を聴かなければならない。

③ 指定情報処理機関は、毎事業年度、事業報告書及び収支決算書を作成し、当該事業年度の終了後三月以内に、総務大臣及び委任都道府県知事に提出しなければならない。

（交付金）

第三〇条の二〇① 委任都道府県知事の統括する都道府県は、指定情報処理機関に対して、当該委任都道府県知事が行わせることとした本人確認情報処理事務に要する費用の全部又は一部に相当する金額を交付金として交付するものとする。

② 前項の交付金の額については、当該委任都道府県知事が指定情報処理機関と協議して定めるものとする。

（帳簿の備付け）

第三〇条の二一 指定情報処理機関は、総務省令で定めるところにより、本人確認情報処理事務等に関する事項で総務省令で定めるものを記載した帳簿を備え、保存しなければならない。

（監督命令等）

第三〇条の二二① 総務大臣は、本人確認情報処理事務等の適正な実施を確保するため必要があると認めるときは、指定情報処理機関に対し、本人確認情報処理事務等の実施に関し監督上必要な命令をすることができる。

② 委任都道府県知事は、その行わせることとした本人確認情報処理事務の適正な実施を確保するため必要があると認めるときは、指定情報処理機関に対し、当該本人確認情報処理事務の適正な実施のために必要な措置を講ずべきことを指示することができる。

（報告及び立入検査）

第三〇条の二三① 総務大臣は、本人確認情報処理事務等の適正な実施を確保するため必要があると認めるときは、指定情報処理機関に対し、本人確認情報処理事務等の実施の状況に関し必要な報告を求め、又はその職員に、指定情報処理機関の事務所に立ち入り、本人確認情報処理事務等の実施の状況若しくは帳簿、書類その他の物件を検査させることができる。

② 委任都道府県知事は、その行わせることとした本人確認情報処理事務の適正な実施を確保するため必要があると認めるときは、指定情報処理機関に対し、当該本人確認情報処理事務の実施の状況に関し必要な報告を求め、又はその職員に、当該本人確認情報処理事務を取り扱う指定情報処理機関の事務所に立ち入り、当該本人確認情報処理事務の実施の状況若しくは帳簿、書類その他の物件を検査させることができる。

③ 前二項の規定により立入検査をする職員は、その身分を示す証明書を携帯し、関係人の請求があつたときは、これを提示しなければならない。

④ 第一項又は第二項の規定による立入検査の権限は、犯罪捜査のために認められたものと解釈してはならない。

（事務の休廃止）

第三〇条の二四① 指定情報処理機関は、総務大臣の許可を受けなければ、本人確認情報処理事務等の全部又は一部を休止し、又は廃止してはならない。

② 総務大臣は、指定情報処理機関の本人確認情報処理事務等の全部又は一部の休止又は廃止により本人確認情報処理事務等の適正かつ確実な実施が損なわれるおそれがないと認めるときでなければ、前項の規定による許可をしてはならない。

③ 総務大臣は、第一項の規定による許可をしようとするときは、委任都道府県知事の意見を聴かなければならない。

④ 総務大臣は、第一項の規定による許可をしたときは、その旨を委任都道府県知事に通知するとともに、公示しなければならない。

（指定の取消し等）

第三〇条の二五① 総務大臣は、指定情報処理機関が第三〇条の一二第一項第三号に適合しなくなつたとき、又は同条第二項第一号若しくは第三号に該当するに至つたときは、その指定を取り消さなければならない。

② 総務大臣は、指定情報処理機関が次のいずれかに該当するときは、その指定を取り消し、又は期間を定めて本人確認情報処理事務等の全部若しくは一部の停止を命ずることができる。

一 第三〇条の一二第一項各号（第三号を除く。）の要件を満たさなくなつたと認められるとき。

二 第三〇条の一九第一項若しくは第三項、第三〇条の二二又は前条第一項の規定に違反したとき。

三 第三〇条の一六第二項、第三〇条の一八第三項又は第三〇条の二三第一項の規定による命令に違反したとき。

四 第三〇条の一八第一項の規定により認可を受けた

本人確認情報管理規程によらないで本人確認情報処理事務等を行つたとき。

五　不正な手段により第三〇条の一〇第一項の規定による指定を受けたとき。

③　総務大臣は、前二項の規定により指定を取り消し、又は前項の規定により本人確認情報処理事務等の全部若しくは一部の停止を命じたときは、その旨を、委任都道府県知事に通知するとともに、公示しなければならない。

（本人確認情報処理事務の委任の解除）

第三〇条の二六①　委任都道府県知事は、指定情報処理機関に本人確認情報処理事務を行わせないこととするときは、その三月前までに、その旨を指定情報処理機関及び他の委任都道府県知事に通知しなければならない。

②　委任都道府県知事は、指定情報処理機関に本人確認情報処理事務を行わせないこととしたときは、その旨を総務大臣に報告するとともに、指定情報処理機関に本人確認情報処理事務を行わせないこととした日を公示しなければならない。

（委任都道府県知事による本人確認情報処理事務の実施）

第三〇条の二七①　委任都道府県知事は、指定情報処理機関が第三〇条の二四第一項の規定により本人確認情報処理事務の全部若しくは一部を休止したとき、総務大臣が第三〇条の二五第二項の規定により指定情報処理機関に対し本人確認情報処理事務の全部若しくは一部の停止を命じたとき、又は指定情報処理機関が天災その他の事由により本人確認情報処理事務の全部若しくは一部を実施することが困難となつた場合において総務大臣が必要があると認めるときは、第三〇条の一〇第三項の規定にかかわらず、当該本人確認情報処理事務の全部又は一部を行うものとする。

②　総務大臣は、委任都道府県知事が前項の規定により本人確認情報処理事務を行うこととなるとき、又は委任都道府県知事が同項の規定により本人確認情報処理事務を行うこととなる事由がなくなつたときは、速やかにその旨を当該委任都道府県知事に通知しなければならない。

③　委任都道府県知事は、前項の規定による通知を受けたときは、その旨を公示しなければならない。

（本人確認情報処理事務の引継ぎ等に関する省令への委任）

第三〇条の二八　前条第一項の規定により委任都道府県知事が本人確認情報処理事務を行うこととなつた場合、総務大臣が第三〇条の二四第一項の規定により本人確認情報処理事務の廃止を許可し、若しくは第三〇条の二五第一項若しくは第二項の規定により指定を取り消した場合又は委任都道府県知事が指定情報処理機関に本人確認情報処理事務を行わせないこととした場合における本人確認情報処理事務の引継ぎその他の必要な事項は、総務省令で定める。

第四節　本人確認情報の保護

（本人確認情報の安全確保）
第三〇条の二九①　都道府県知事又は指定情報処理機関が第三〇条の五第一項又は第三〇条の一一第一項の規定による通知に係る本人確認情報の電子計算機処理等を行うに当たつては、当該都道府県知事又は指定情報処理機関は、当該本人確認情報の漏えい、滅失及びき損の防止その他の当該本人確認情報の適切な管理のために必要な措置を講じなければならない。
②　前項の規定は、都道府県知事又は指定情報処理機関から第三〇条の五第一項又は第三〇条の一一第一項の規定による通知に係る本人確認情報の電子計算機処理等の委託を受けた者が受託した業務を行う場合について準用する。

（本人確認情報の利用及び提供の制限）
第三〇条の三〇　都道府県知事は、第三〇条の七第三項から第六項まで、第三〇条の八第一項若しくは第二項又は第三七条第二項の規定により保存期間に係る本人確認情報を利用し、又は提供する場合を除き、第三〇条の五第一項の規定による通知に係る本人確認情報を利用し、又は提供してはならない。
二　指定情報処理機関は、第三〇条の一〇第一項の規定により第三〇条の七第三項から第六項まで又は第三七条第二項に規定する委任都道府県知事の事務を行う場合を除き、第三〇条の一一第一項の規定による通知に係る本人確認情報を利用し、又は提供してはならない。

（本人確認情報の電子計算機処理等に従事する市町村又は都道府県の職員等の秘密保持義務）
第三〇条の三一①　本人確認情報の電子計算機処理等に関する事務に従事する市町村の職員若しくは職員であつた者又は第三〇条の五第一項の規定による通知に係る本人確認情報の電子計算機処理等に関する事務に従事する都道府県の職員若しくは職員であつた者は、その事務に関して知り得た本人確認情報に関する秘密又は本人確認情報の電子計算機処理等に関する秘密を漏らしてはならない。
②　市町村長又は都道府県知事から本人確認情報又は第三〇条の五第一項の規定による通知に係る本人確認情報の電子計算機処理等の委託を受けた者若しくはその役員若しくは職員又はこれらの者であつた者は、その委託された業務に関して知り得た本人確認情報に関する秘密又は本人確認情報の電子計算機処理等に関する秘密を漏らしてはならない。

（本人確認情報に係る住民に関する記録の保護）
第三〇条の三二　都道府県知事又は指定情報処理機関の委託を受けて行う第三〇条の五第一項又は第三〇条の一一第一項の規定による通知に係る本人確認情報の電子計算機処理等に関する事務に従事している者又は従事していた者は、その事務に関して知り得た事項をみだりに他人に知らせ、又は不当な目的に使用してはならない。

（受領者等による本人確認情報の安全確保）

第三〇条の三三①　第三〇条の六、第三〇条の七第三項から第六項まで又は第三〇条の八第二項の規定により本人確認情報の提供を受けた市町村長その他の市町村の執行機関若しくは都道府県知事その他の都道府県の執行機関又は別表第一の上欄に掲げる国の機関若しくは法人（以下「受領者」という。）がこれらの規定により提供を受けた本人確認情報（以下「受領した本人確認情報」という。）の電子計算機処理等を行うに当たつては、当該市町村長その他の市町村の執行機関若しくは当該都道府県知事その他の都道府県の執行機関又は当該国の機関の長若しくは法人は、受領した本人確認情報の漏えい、滅失及びき損の防止その他の当該本人確認情報の適切な管理のために必要な措置を講じなければならない。

②　前項の規定は、受領者から受領した本人確認情報の電子計算機処理等の委託を受けた者が受託した業務を行う場合について準用する。

（受領者の本人確認情報の利用及び提供の制限）

第三〇条の三四　受領者は、その者が処理する事務であつてこの法律の定めるところにより当該事務の処理に関し本人確認情報の提供を求めることができることとされているものの遂行に必要な範囲内で、受領した本人確認情報を利用し、又は提供するものとし、当該事務の処理以外の目的のために受領した本人確認情報の全部又は一部を利用し、又は提供してはならない。

（本人確認情報の電子計算機処理等に従事する受領者の職員等の秘密保持義務）

第三〇条の三五①　第三〇条の六、第三〇条の七第四項から第六項まで又は第三〇条の八第二項の規定により市町村長その他の市町村の執行機関又は都道府県知事その他の都道府県の執行機関が提供を受けた本人確認情報の電子計算機処理等に関する事務に従事する市町村又は都道府県の職員又は職員であつた者は、その事務に関して知り得た本人確認情報に関する秘密又は本人確認情報の電子計算機処理等に関する秘密を漏らしてはならない。

②　第三〇条の七第三項の規定により別表第一の上欄に掲げる国の機関又は法人が提供を受けた本人確認情報の電子計算機処理等に関する事務に従事する同欄に掲げる国の機関の職員若しくは職員であつた者又は同欄に掲げる法人の役員若しくは職員若しくはこれらの職にあつた者は、その事務に関して知り得た本人確認情報に関する秘密又は本人確認情報の電子計算機処理等に関する秘密を漏らしてはならない。

③　受領者から受領した本人確認情報の電子計算機処理等の委託を受けた者若しくはその役員若しくは職員又はこれらの者であつた者は、その委託された業務に関して知り得た本人確認情報に関する秘密又は本人確認情報の電子計算機処理等に関する秘密を漏らしてはならない。

（受領した本人確認情報に係る住民に関する記録の保護）

第三〇条の三六　受領者の委託を受けて行う受領した本人確認情報の電子計算機処理等に関する事務に従事している者又は従事していた者は、その事務に関して知り得た事項をみだりに他人に知らせ、又は不当な目的に使用してはならない。

（自己の本人確認情報の開示）

第三〇条の三七①　何人も、都道府県知事又は指定情報処理機関に対し、第三〇条の五第三項又は第三〇条の一一第三項の規定により磁気ディスクに記録されている自己に係る本人確認情報について、書面により、その開示（自己に係る本人確認情報が存在しないときにその旨を知らせることを含む。以下同じ。）を請求することができる。

② 都道府県知事又は指定情報処理機関は、前項の開示の請求（以下この項及び次条第一項において「開示請求」という。）があつたときは、開示請求をした者（以下この項及び次条第二項において「開示請求者」という。）に対し、書面により、当該開示請求に係る本人確認情報について開示をしなければならない。ただし、開示請求者の同意があるときは、書面以外の方法により開示をすることができる。

（開示の期限）

第三〇条の三八①　前条第二項の規定による開示は、開示請求を受理した日から起算して三〇日以内にしなければならない。

② 都道府県知事又は指定情報処理機関は、事務処理上の困難その他正当な理由により前項に規定する期間内に開示をすることができないときは、同項に規定する期間内に、開示請求者に対し、同項の期間内に開示をすることができない理由及び開示の期限を書面により通知しなければならない。

（手数料）

第三〇条の三九　第三〇条の三七第一項の規定により指定情報処理機関に対し自己に係る本人確認情報の開示を請求する者は、指定情報処理機関が総務大臣の認可を受けて定める額の手数料を納めなければならない。

（自己の本人確認情報の訂正）

第三〇条の四〇　都道府県知事又は指定情報処理機関は、第三〇条の三七第二項の規定により開示を受けた者から、書面により、開示に係る本人確認情報についてその内容の全部又は一部の訂正、追加又は削除の申出があつたときは、遅滞なく調査を行い、その結果を当該申出をした者に対し、書面で通知するものとする。

（苦情処理）

第三〇条の四一　都道府県知事又は指定情報処理機関は、この法律の規定により都道府県が処理する事務又は指定情報処理機関が行う本人確認情報処理事務等の実施に関する苦情の適切かつ迅速な処理に努めなければならない。

（住民票コードの告知要求制限）

第三〇条の四二① 市町村長その他の市町村の執行機関は、この法律に規定する事務又はその処理する事務であつてこの法律の定めるところにより当該事務の処理に関し本人確認情報の提供を求めることができることとされているものの遂行のため必要がある場合を除き、何人に対しても、当該市町村の住民以外の者に係る住民票に記載された住民票コードを告知することを求めてはならない。

② 都道府県知事その他の都道府県の執行機関は、この法律に規定する事務又はその処理する事務であつてこの法律の定めるところにより当該事務の処理に関し本人確認情報の提供を求めることができることとされているものの遂行のため必要がある場合を除き、何人に対しても、その者又はその者以外の者に係る住民票に記載された住民票コードを告知することを求めてはならない。

③ 指定情報処理機関は、この法律に規定する事務の遂行のため必要がある場合を除き、何人に対しても、その者又はその者以外の者に係る住民票に記載された住民票コードを告知することを求めてはならない。

④ 別表第一の上欄に掲げる国の機関又は法人は、その処理する事務であつてこの法律の定めるところにより当該事務の処理に関し本人確認情報の提供を求めることができることとされているものの遂行のため必要がある場合を除き、何人に対しても、その者又はその者以外の者に係る住民票に記載された住民票コードを告知することを求めてはならない。

（住民票コードの利用制限等）

第三〇条の四三① 市町村長その他の市町村の執行機関、都道府県知事その他の都道府県の執行機関、指定情報処理機関又は別表第一の上欄に掲げる国の機関若しくは法人（以下この条において「市町村長等」という。）以外の者は、何人も、自己と同一の世帯に属する者以外の者（以下この条において「第三者」という。）に対し、当該第三者又は当該第三者以外の者に係る住民票に記載された住民票コードを告知することを求めてはならない。

② 市町村長等以外の者は、何人も、その者が業として行う行為に関し、その者に対し売買、貸借、雇用その他の契約（以下この項において「契約」という。）の申込みをしようとする第三者若しくは申込みをする第三者又はその者と契約の締結をした第三者に対し、当該第三者又は当該第三者以外の者に係る住民票に記載された住民票コードを告知することを求めてはならない。

③ 市町村長等以外の者は、何人も、業として、住民票コードの記録されたデータベース（第三者に係る住民票に記載された住民票コードを含む当該第三者に関する情報の集合物であつて、それらの情報を電子計算機を用いて検索することができるように体系的に構成したものをいう。以下この項において同じ。）であつて、当該住民票コードの記録されたデータベースに記録された情報が他に提供されることが予定されているものを構成してはならない。

④ 都道府県知事は、前2項の規定に違反する行為が行わ

れた場合において、当該行為をした者が更に反復してこれらの規定に違反する行為をするおそれがあると認めるときは、当該行為をした者に対し、当該行為を中止すべきことを勧告し、又は当該行為が中止されることを確保するために必要な措置を講ずべきことを勧告することができる。

⑤　都道府県知事は、前項の規定による勧告を受けた者がその勧告に従わないときは、都道府県の審議会の意見を聴いて、その者に対し、期限を定めて、当該勧告に従うべきことを命ずることができる。

第五節　住民基本台帳カード

（住民基本台帳カードの交付）

第三〇条の四四①　住民基本台帳に記録されている者は、その者が記録されている住民基本台帳を備える市町村の市町村長に対し、自己に係る住民基本台帳カード（その者に係る住民票に記載された氏名及び住民票コードその他政令で定める事項が記録されたカードをいう。以下同じ。）の交付を求めることができる。

②　住民基本台帳カードの交付を受けようとする者は、政令で定めるところにより、その交付を受けようとする旨その他総務省令で定める事項を記載した交付申請書を、その者が記録されている住民基本台帳を備える市町村の市町村長に提出しなければならない。

③　市町村長は、前項の交付申請書の提出があつた場合には、その者に対し、政令で定めるところにより、住民基本台帳カードを交付しなければならない。

④　住民基本台帳カードの様式その他必要な事項は、総務省令で定める。

⑤　住民基本台帳カードの交付を受けている者は、住民基本台帳カードを紛失したときは、直ちに、その旨を当該住民基本台帳カードを交付した市町村長に届け出なければならない。

⑥　住民基本台帳カードの交付を受けている者は、転出をする場合その他の政令で定める場合には、政令で定めるところにより、当該住民基本台帳カードを、当該住民基本台帳カードを交付した市町村長に返納しなければならない。

⑦　前各項に定めるもののほか、住民基本台帳カードの再交付を受けようとする場合及び第二項の交付申請書に記載した事項につき異動があつた場合における手続に関する事項その他住民基本台帳カードに関し必要な事項は、政令で定める。

⑧　市町村長その他の市町村の執行機関は、住民基本台帳カードを、条例の定めるところにより、条例に規定する目的のために利用することができる。

別表第一（第三十条の七関係）

提供を受ける国の機関又は法人	事　務
総務省	恩給法（大正十二年法律第四十八号。他の法律において準用する場合を含む。）による年金である給付の支給に関する事務であつて総務省令で定めるもの
総務省	執行官法（昭和四十一年法律第百十一号）附則第十三条の規定の年金である給付の支給に関する事務であつて総務省令で定めるもの
総務省	国会議員互助年金法（昭和三十三年法律第七十号）による年金である給付の支給に関する事務であつて総務省令で定めるもの
地方公務員共済組合	地方公務員等共済組合法（昭和三十七年法律第百五十二号）又は地方公務員等共済組合法の長期給付等に関する施行法（昭和三十七年法律第百五十三号）による年金である給付の支給に関する事務であつて総務省令で定めるもの
地方議会議員共済会	地方公務員等共済組合法による年金である給付の支給に関する事務であつて総務省令で定めるもの
地方公務員共済組合	介護保険法（平成九年法律第百二十三号）による同法第百三十四条第一項の通知若しくは第百三十七条第五項若しくは第百三十八条第三項（これらの規定を同法第百四十条第三項において準用する場合を含む。）の通知又は同法第百三十七条第一項（同法第百四十条第三項において準用する場合を含む。）の特別徴収に係る保険料額の徴収若しくは納入金の納入に関する事務であつて総務省令で定めるもの
地方公務員共済組合連合会	介護保険法による同法第百三十四条第三項（同法第百三十七条第六項及び第百三十八条第四項において準用する場合を含む。）若しくは第百三十六条第六項（同法第百三十八条第二項、第百四十条第三項及び第百四十一条第二項において準用する場合を含む。）の通知の経由又は同法第百三十七条第二

	項（同法第百四十条第三項において準用する場合を含む。）の特別徴収に係る納入金の納入の経由に関する事務であつて法務省令で定めるもの
地方公務員災害補償基金	地方公務員災害補償法（昭和四十二年法律第百二十一号）による公務上の災害若しくは通勤による災害に対する補償又は福祉事業の実施に関する事務であつて総務省令で定めるもの
総務省	電波法（昭和二十五年法律第百三十一号）による無線局の免許に関する事務であつて総務省令で定めるもの
消防法（昭和二十三年法律第百八十六号）第十三条の七第二項に規定する指定試験機関	消防法による危険物取扱者試験の実施に関する事務であつて総務省令で定めるもの
消防法第十七条の十一第三項に規定する指定試験機関	消防法による消防設備士試験の実施に関する事務であつて総務省令で定めるもの
消防団員等公務災害補償等共済基金又は消防団員等公務災害補償等責任共済等に関する法律（昭和三十一年法律第百七号）第二条第三項に規定する指定法人	消防団員等公務災害補償等責任共済等に関する法律による消防団員等福祉事業の実施に関する事務であつて総務省令で定めるもの
国家公務員共済組合連合会	国家公務員共済組合法（昭和三十三年法律第百二十八号）又は国家公務員共済組合法の長期給付に関する施行法（昭和三十三年法律第百二十九号）による年金である給付の支給に関する事務であつて総務省令で定めるもの
国家公務員共済組合連合会	旧令による共済組合等からの年金受給者のための特別措置法（昭和二十五年法律第二百五十六号）による年金である給付の支給に関する事務であつて総務省令で定めるもの
日本私立学校振興・共済事業団	私立学校教職員共済法（昭和二十八年法律第二百四十五号）による年金である給付の支給に関する事務であつて総務省令で定めるもの
文部科学省又は技術士法（昭和五十八年法律第二十五号）第	技術士法による技術士試験の実施に関する事務であつて総務省令で定めるもの

十一条第一項に規定する指定試験機関	
文部科学省又は技術士法第四十条第一項に規定する指定登録機関	技術士法による技術士又は技術士補の登録に関する事務であつて総務省令で定めるもの
厚生労働省	労働安全衛生法（昭和四十七年法律第五十七号）による同法第十二条第一項、第十四条又は第六十一条第一項の免許に関する事務であつて総務省令で定めるもの
厚生労働省又は労働安全衛生法第七十五条の二第一項に規定する指定試験機関	労働安全衛生法による同法第七十五条第二項に規定する免許試験の実施に関する事務であつて総務省令で定めるもの
厚生労働省又は作業環境測定法（昭和五十年法律第二十八号）第三十二条の二第二項に規定する指定登録機関	作業環境測定法による作業環境測定士の登録に関する事務であつて総務省令で定めるもの
厚生労働省	労働者災害補償保険法（昭和二十二年法律第五十号）による業務災害に関する保険給付若しくは通勤災害に関する保険給付の支給又は労働福祉事業の実施に関する事務であつて総務省令で定めるもの
厚生労働省	賃金の支払の確保等に関する法律（昭和五十一年法律第三十四号）による同法第七条の労働基準監督署長の確認に関する事務であつて総務省令で定めるもの
厚生労働省	雇用対策法（昭和四十一年法律第百三十二号）による職業転換給付金の支給に関する事務であつて総務省令で定めるもの
厚生労働省	雇用保険法（昭和四十九年法律第百十六号）による基本手当、高年齢求職者給付金、特例一時金、高年齢雇用継続基本給付金又は高年齢再就職給付金の支給に関する事務であつて総務省令で定めるもの
厚生労働省又は雇用・能力開発機構	雇用保険法による同法第六十二条の雇用安定事業、同法第六十三条の能力開発事業又は同法第六十四条の雇用福祉事業の実施に関する事務であつて総務省令で定めるもの
厚生労働省	職業能力開発促進法（昭和四十四年法律第六十四号）による技能検定の合格証書の交付に関する事務であつて総務省令で定めるもの

厚生労働省	戦傷病者戦没者遺族等援護法（昭和二十七年法律第百二十七号）による年金である給付の支給に関する事務であつて総務省令で定めるもの
農林漁業団体職員共済組合	農林漁業団体職員共済組合法（昭和三十三年法律第九十九号）による年金である給付の支給に関する事務であつて総務省令で定めるもの
国土交通省	建設業法(昭和二十四年法律第百号)による建設業の許可に関する事務であつて総務省令で定めるもの
国土交通省又は建設業法第二十七条の二第一項に規定する指定試験機関	建設業法による技術検定の実施に関する事務であつて総務省令で定めるもの
国土交通省又は建設業法第二十七条の十九第一項に規定する指定資格者証交付機関	建設業法による監理技術者資格者証の交付に関する事務であつて総務省令で定めるもの
国土交通省	浄化槽法（昭和五十八年法律第四十三号）による浄化槽設備士免状の交付に関する事務であつて総務省令で定めるもの
国土交通省	宅地建物取引業法（昭和二十七年法律第百七十六号）による宅地建物取引業の免許に関する事務であつて総務省令で定めるもの
国土交通省	旅券業法（昭和二十七年法律第二百三十九号）による旅行業の登録に関する事務であつて総務省令で定めるもの
国土交通省又は旅行業法第二十二条の二第二項に規定する旅行業協会	旅行業法による旅行業務取扱主任者試験の実施に関する事務であつて総務省令で定めるもの
国土交通省又は地域伝統芸能等を活用した行事の実施による観光及び特定地域商工業の振興に関する法律（平成四年法律第八十八号）第十二条第一項に規定する指定認定機関	地域伝統芸能等を活用した行事の実施による観光及び特定地域商工業の振興に関する法律による地域伝統芸能等通訳案内業の認定の実施の関する事務であつて総務省令で定めるもの
国土交通省又は国際観光ホテル整備法（昭和二十四年法律第二百七十九号）第十九条第一項に規定する指定登録機関	国際観光ホテル整備法によるホテル又は旅館の登録に関する事務であつて総務省令で定めるもの

国土交通省	不動産の鑑定評価に関する法律（昭和三十八年法律第百五十二号）による不動産鑑定士又は不動産鑑定士補の登録に関する事務であつて総務省令で定めるもの
国土交通省	建築士法（昭和二十五年法律第二百二号）による一級建築士の免許に関する事務であつて総務省令で定めるもの
国土交通省	航空法（昭和二十七年法律第二百三十一号）による航空機の登録に関する事務であつて総務省令で定めるもの
気象庁	気象業務法（昭和二十七年法律第百六十五号）による気象予報士の登録に関する事務であつて総務省令で定めるもの
人事院若しくは国家公務員災害補償法（昭和二十六年法律第百九十一号）第三条第一項に規定する実施機関又は防衛庁	国家公務員災害補償法（防衛庁の職員の給与等に関する法律（昭和二十七年法律第二百六十六号）において準用する場合を含む。）による公務上の災害若しくは通勤による災害に対する補償又は福祉事業の実施に関する事務であつて総務省令で定めるもの

（別表は全部で五つあるが、別表第一で国の事務で本人確認情報を都道府県知事が提供可能なものを列挙している。一六省庁九二事務と言われ、現在では国の機関の利用はそれらに限定されている。警察庁などは当然入っていないが、今後その範囲が拡大していく危険性は高い。

なお、自治体利用については別表第二から第四で規定しているが、条例で定めれば、いくらでも増やすことは可能だ。利用制限の緩和が実際に提起される時、この別表が役に立つだろう。

——編集部）

個人情報の保護に関する法律案

個人情報の保護に関する法律

目次

第一章　総則

（目的）

第一条　この法律は、高度情報通信社会の進展に伴い個人情報の利用が著しく拡大していることにかんがみ、個人情報の適正な取扱いに関し、基本原則及び政府による基本方針の作成その他の個人情報の保護に関する施策の基本となる事項を定め、国及び地方公共団体の責務等を明らかにするとともに、個人情報を取り扱う事業者の遵守すべき義務等を定めることにより、個人情報の有用性に配慮しつつ、個人の権利利益を保護することを目的とする。

（定義）

第二条①　この法律において「個人情報」とは、生存する個人に関する情報であって、当該情報に含まれる氏名、生年月日その他の記述等により特定の個人を識別することができるもの（他の情報と容易に照合することができ、それにより特定の個人を識別することができることとなるものを含む。）をいう。

②　この法律において「個人情報データベース等」とは、個人情報を含む情報の集合物であって、次に掲げるものをいう。

一　特定の個人情報を電子計算機を用いて検索することができるように体系的に構成したもの

二　前号に掲げるもののほか、特定の個人情報を容易に検索することができるように体系的に構成したものと

して政令で定めるもの

③　この法律において「個人情報取扱事業者」とは、個人情報データベース等を事業の用に供している者をいう。ただし、次に掲げる者を除く。

一　国の機関

二　地方公共団体

三　独立行政法人（独立行政法人通則法（平成十一年法律第百三号）第二条第一項に規定する独立行政法人をいう。以下同じ。）のうち別に法律で定めるもの

四　特殊法人（法律により直接に設立された法人又は特別の法律により特別の設立行為をもって設立された法人であって、総務省設置法（平成十一年法律第九十一号）第四条第十五号の規定の適用を受けるものをいう。以下同じ。）のうち別に法律で定めるもの

五　その取り扱う個人情報の量及び利用方法からみて個人の権利利益を害するおそれが少ないものとして政令で定める者

④　この法律において「個人データ」とは、個人情報データベース等を構成する個人情報をいう。

⑤　この法律において「保有個人データ」とは、個人情報取扱事業者が、開示、内容の訂正、追加又は削除、利用の停止、消去及び第三者への提供の停止を行うことのできる権限を有する個人データであって、その存否が明らかになることにより公益その他の利益が害されるものとして政令で定めるもの又は一年以内の政令で定める期間以内に消去することとなるもの以外のものをいう。

⑥　この法律において「本人」とは、個人情報によって識別される特定の個人をいう。

第二章　基本原則

第三条　個人情報が個人の人格尊重の理念の下に慎重に取り扱われるべきものであることにかんがみ、個人情報を取り扱う者は、次条から第八条までに規定する基本原則にのっとり、個人情報の適正な取扱いに努めなければならない。

（利用目的による制限）

第四条　個人情報は、その利用の目的が明確にされるとともに、当該目的の達成に必要な範囲内で取り扱われなければならない。

（適正な取得）

第五条　個人情報は、適法かつ適正な方法で取得されなければならない。

（正確性の確保）

第六条　個人情報は、その利用の目的の達成に必要な範囲内で正確かつ最新の内容に保たれなければならない。

（安全性の確保）

第七条　個人情報の取扱いに当たっては、漏えい、滅失又はき損の防止その他の安全管理のために必要かつ適切な措置が講じられるよう配慮されなければならない。

（透明性の確保）

第八条　個人情報の取扱いに当たっては、本人が適切に関

与し得るよう配慮されなければならない。

第三章　国及び地方公共団体の責務等

（国の責務）

第九条　国は、この法律の趣旨にのっとり、個人情報の適正な取扱いを確保するために必要な施策を総合的に策定し、及びこれを実施する責務を有する。

（地方公共団体の責務）

第十条　地方公共団体は、この法律の趣旨にのっとり、その地方公共団体の区域の特性に応じて、個人情報の適正な取扱いを確保するために必要な施策を策定し、及びこれを実施する責務を有する。

（法制上の措置等）

第十一条① 政府は、国の行政機関について、その保有する個人情報の性質、当該個人情報を保有する目的等を勘案し、その保有する個人情報の適正な取扱いが確保されるよう法制上の措置その他必要な措置を講ずるものとする。

② 政府は、独立行政法人及び特殊法人について、その性格及び業務内容に応じ、その保有する個人情報の適正な取扱いが確保されるよう法制上の措置その他必要な措置を講ずるものとする。

③ 政府は、前二項に定めるもののほか、個人情報の性質及び利用方法にかんがみ、個人の権利利益の一層の保護を図るため特にその適正な取扱いの厳格な実施を確保する必要がある個人情報について、保護のための格別の措置が講じられるよう必要な法制上の措置その他の措置を講ずるものとする。

第四章　個人情報の保護に関する施策等

第一節　個人情報の保護に関する基本方針

第十二条① 政府は、個人情報の保護に関する施策の総合的かつ一体的な推進を図るため、個人情報の保護に関する基本方針（以下「基本方針」という。）を定めなければならない。

② 基本方針は、次に掲げる事項について定めるものとする。

一　個人情報の保護に関する施策の推進に関する基本的な方向

二　国が講ずべき個人情報の保護のための措置に関する事項

三　地方公共団体が講ずべき個人情報の保護のための措置に関する基本的な事項

四　独立行政法人及び特殊法人が講ずべき個人情報の保護のための措置に関する基本的な事項

五　個人情報取扱事業者及び第四十五条第一項に規定する認定個人情報保護団体が講ずべき個人情報の保護のための措置に関する基本的な事項

六　個人情報の取扱いに関する苦情の円滑な処理に関する事項

七　その他個人情報の保護に関する施策の推進に関する重要事項

③　内閣総理大臣は、国民生活審議会の意見を聴いて、基本方針の案を作成し、閣議の決定を求めなければならない。
④　内閣総理大臣は、前項の規定による閣議の決定があったときは、遅滞なく、基本方針を公表しなければならない。
⑤　前二項の規定は、基本方針の変更について準用する。

第二節　国の施策

（地方公共団体等への支援）
第十三条　国は、地方公共団体が策定し、又は実施する個人情報の保護に関する施策及び国民又は事業者等が個人情報の適正な取扱いの確保に関して行う活動を支援するため、情報の提供、事業者等が講ずべき措置の適切かつ有効な実施を図るための指針の策定その他の必要な措置を講ずるものとする。

（苦情処理のための措置）
第十四条　国は、個人情報の取扱いに関し事業者と本人との間に生じた苦情の適切かつ迅速な処理を図るために必要な措置を講ずるものとする。

（個人情報の適正な取扱いを確保するための措置）
第十五条　国は、地方公共団体との適切な役割分担を通じ、次章に規定する個人情報取扱事業者による個人情報の適正な取扱いを確保するために必要な措置を講ずるものとする。

第三節　地方公共団体の施策

（保有する個人情報の保護）
第十六条　地方公共団体は、その保有する個人情報の性質、当該個人情報を保有する目的等を勘案し、その保有する個人情報の適正な取扱いが確保されるよう必要な措置を講ずることに努めなければならない。

（区域内の事業者等への支援）
第十七条　地方公共団体は、個人情報の適正な取扱いを確保するため、その区域内の事業者及び住民に対する支援に必要な措置を講ずるよう努めなければならない。

（苦情の処理のあっせん等）
第十八条　地方公共団体は、個人情報の取扱いに関し事業者と本人との間に生じた苦情が適切かつ迅速に処理されるようにするため、苦情の処理のあっせんその他必要な措置を講ずるよう努めなければならない。

第四節　国及び地方公共団体の協力

第十九条　国及び地方公共団体は、個人情報の保護に関する施策を講ずるにつき、相協力するものとする。

第五章　個人情報取扱事業者の義務等

第一節　個人情報取扱事業者の義務

（利用目的の特定）
第二十条①　個人情報取扱事業者は、個人情報を取り扱うに当たっては、その利用の目的（以下「利用目的」という。）をできる限り特定しなければならない。
②　個人情報取扱事業者は、利用目的を変更する場合には、変更前の利用目的と相当の関連性を有すると合理的に認

められる範囲を超えて行ってはならない。

（利用目的による制限）

第二十一条①　個人情報取扱事業者は、あらかじめ本人の同意を得ないで、前条の規定により特定された利用目的の達成に必要な範囲を超えて、個人情報を取り扱ってはならない。

②　個人情報取扱事業者は、合併その他の事由により他の個人情報取扱事業者から事業を承継することに伴って個人情報を取得した場合は、あらかじめ本人の同意を得ないで、承継前における当該個人情報の利用目的の達成に必要な範囲を超えて、当該個人情報を取り扱ってはならない。

③　前二項の規定は、次に掲げる場合については、適用しない。

一　法令に基づく場合

二　人の生命、身体又は財産の保護のために必要がある場合であって、本人の同意を得ることが困難であるとき。

三　公衆衛生の向上又は児童の健全な育成の推進のために特に必要がある場合であって、本人の同意を得ることが困難であるとき。

四　国の機関若しくは地方公共団体又はその委託を受けた者が法令の定める事務を遂行することに対して協力する必要がある場合であって、本人の同意を得ることにより当該事務の遂行に支障を及ぼすおそれがあるとき。

（適正な取得）

第二十二条　個人情報取扱事業者は、偽りその他不正の手段により個人情報を取得してはならない。

（取得に際しての利用目的の通知等）

第二十三条①　個人情報取扱事業者は、個人情報を取得した場合は、あらかじめその利用目的を公表している場合を除き、速やかに、その利用目的を、本人に通知し、又は公表しなければならない。

②　個人情報取扱事業者は、前項の規定にかかわらず、本人との間で契約を締結することに伴って契約書その他の書面（電子的方式、磁気的方式その他人の知覚によっては認識することができない方式で作られる記録を含む。以下この項において同じ。）に記載された当該本人の個人情報を取得する場合その他本人から直接書面に記載された当該本人の個人情報を取得する場合は、あらかじめ、本人に対し、その利用目的を明示しなければならない。ただし、人の生命、身体又は財産の保護のために緊急に必要がある場合は、この限りでない。

③　個人情報取扱事業者は、利用目的を変更した場合は、変更された利用目的について、本人に通知し、又は公表しなければならない。

④　前三項の規定は、次に掲げる場合については、適用しない。

一　利用目的を本人に通知し、又は公表することにより本人又は第三者の生命、身体、財産その他の権利利益

を害するおそれがある場合
二　利用目的を本人に通知し、又は公表することにより当該個人情報取扱事業者の権利又は正当な利益を害するおそれがある場合
三　国の機関又は地方公共団体が法令の定める事務を遂行することに対して協力する必要がある場合であって、利用目的を本人に通知し、又は公表することにより当該事務の遂行に支障を及ぼすおそれがあるとき。
四　取得の状況からみて利用目的が明らかであると認められる場合

（データ内容の正確性の確保）
第二十四条　個人情報取扱事業者は、利用目的の達成に必要な範囲内において、個人データを正確かつ最新の内容に保つよう努めなければならない。

（安全管理措置）
第二十五条　個人情報取扱事業者は、その取り扱う個人データの漏えい、滅失又はき損の防止その他の個人データの安全管理のために必要かつ適切な措置を講じなければならない。

（従業者の監督）
第二十六条　個人情報取扱事業者は、その従業者に個人データを取り扱わせるに当たっては、当該個人データの安全管理が図られるよう、当該従業者に対する必要かつ適切な監督を行わなければならない。

（委託先の監督）
第二十七条　個人情報取扱事業者は、個人データの取扱いの全部又は一部を委託する場合は、その取扱いを委託された個人データの安全管理が図られるよう、委託を受けた者に対する必要かつ適切な監督を行わなければならない。

（第三者提供の制限）
第二十八条①　個人情報取扱事業者は、次に掲げる場合を除くほか、あらかじめ本人の同意を得ないで、個人データを第三者に提供してはならない。
一　法令に基づく場合
二　人の生命、身体又は財産の保護のために必要がある場合であって、本人の同意を得ることが困難であるとき。
三　公衆衛生の向上又は児童の健全な育成の推進のために特に必要がある場合であって、本人の同意を得ることが困難であるとき。
四　国の機関若しくは地方公共団体又はその委託を受けた者が法令の定める事務を遂行することに対して協力する必要がある場合であって、本人の同意を得ることにより当該事務の遂行に支障を及ぼすおそれがあるとき。
②　個人情報取扱事業者は、第三者に提供される個人データについて、本人の求めに応じて当該本人が識別される個人データの第三者への提供を停止することとしている場合であって、次の各号に掲げる事項について、あらかじめ、本人に通知し、又は本人が容易に知り得る状態に

置いているときは、前項の規定にかかわらず、当該個人データを第三者に提供することができる。
一　第三者への提供を利用目的とすること。
二　第三者に提供される個人データの項目
三　第三者への提供の手段又は方法
四　本人の求めに応じて当該本人が識別される個人データの第三者への提供を停止すること。
③　個人情報取扱事業者は、前項第二号又は第三号に掲げる事項を変更する場合は、変更する内容について、あらかじめ、本人に通知し、又は本人が容易に知り得る状態に置かなければならない。
④　次の各号に掲げる場合において、当該個人データの提供を受ける者は、前三項の規定の適用については、第三者に該当しないものとする。
一　個人情報取扱事業者が利用目的の達成に必要な範囲内において個人データの取扱いの全部又は一部を委託する場合
二　合併その他の事由による事業の承継に伴って個人データが提供される場合
三　個人データを特定の者との間で共同して利用する場合であって、その旨並びに共同して利用される個人データの項目、共同して利用する者の範囲、利用する者の利用目的及び当該個人データの管理について責任を有する者の氏名又は名称について、あらかじめ、本人に通知し、又は本人が容易に知り得る状態に置いているとき。
⑤　個人情報取扱事業者は、前項第三号に規定する利用する者の利用目的又は個人データの管理について責任を有する者の氏名若しくは名称を変更する場合は、変更する内容について、あらかじめ、本人に通知し、又は本人が容易に知り得る状態に置かなければならない。

（保有個人データに関する事項の公表等）

第二十九条①　個人情報取扱事業者は、保有個人データに関し、次の各号に掲げる事項について、本人の知り得る状態（本人の求めに応じて遅滞なく回答する場合を含む。）に置かなければならない。
一　当該個人情報取扱事業者の氏名又は名称
二　すべての保有個人データの利用目的（第二十三条第四項第一号から第三号までに該当する場合を除く。）
三　次項、次条第一項、第三十一条第一項又は第三十二条第一項若しくは第二項の規定による求めに応じる手続（第三十五条第二項の規定により手数料の額を定めたときは、その手数料の額を含む。）
四　前三号に掲げるもののほか、保有個人データの適正な取扱いの確保に関し必要な事項として政令で定めるもの
②　個人情報取扱事業者は、本人から、当該本人が識別される保有個人データの利用目的の通知を求められたときは、本人に対し、遅滞なく、これを通知しなければならない。ただし、次の各号のいずれかに該当する場合は、この限りでない。

一　前項の規定により当該本人が識別される保有個人データの利用目的が明らかな場合
二　第二十三条第四項第一号から第三号までに該当する場合
③　個人情報取扱事業者は、前項の規定に基づき求められた保有個人データの利用目的を通知しない旨の決定をしたときは、本人に対し、遅滞なく、その旨を通知しなければならない。

（開示）
第三十条①　個人情報取扱事業者は、本人から、当該本人が識別される保有個人データの開示（当該本人が識別される保有個人データが存在しないときにその旨を知らせることを含む。以下同じ。）を求められたときは、本人に対し、政令で定める方法により、遅滞なく、当該保有個人データを開示しなければならない。ただし、開示することにより次の各号のいずれかに該当する場合は、その全部又は一部を開示しないことができる。
一　本人又は第三者の生命、身体、財産その他の権利利益を害するおそれがある場合
二　当該個人情報取扱事業者の業務の適正な実施に著しい支障を及ぼすおそれがある場合
三　他の法令に違反することとなる場合
②　個人情報取扱事業者は、前項の規定に基づき求められた保有個人データの全部又は一部について開示しない旨の決定をしたときは、本人に対し、遅滞なく、その旨を通知しなければならない。
③　他の法令の規定により、本人に対し第一項本文に規定する方法に相当する方法により当該本人が識別される保有個人データの全部又は一部を開示することとされている場合には、当該全部又は一部の保有個人データについては、同項の規定は適用しない。

（訂正等）
第三十一条①　個人情報取扱事業者は、本人から、当該本人が識別される保有個人データの内容が事実でないという理由によって当該保有個人データの内容の訂正、追加又は削除（以下この条において「訂正等」という。）を求められた場合には、その内容の訂正等に関して他の法令の規定により特別の手続が定められている場合を除き、利用目的の達成に必要な範囲内において、遅滞なく必要な調査を行い、その結果に基づき、当該保有個人データの内容の訂正等を行わなければならない。
②　個人情報取扱事業者は、前項の規定に基づき求められた保有個人データの内容の全部若しくは一部について訂正等を行ったとき又は訂正等を行わない旨の決定をしたときは、本人に対し、遅滞なく、その旨（訂正等を行ったときは、その内容を含む。）を通知しなければならない。

（利用停止等）
第三十二条①　個人情報取扱事業者は、本人から、当該本人が識別される保有個人データが第二十一条の規定に違

反して取り扱われているという理由又は第二十二条の規定に違反して取得されたものであるという理由によって、当該保有個人データの利用の停止又は消去（以下この条において「利用停止等」という。）を求められた場合であって、その求めに理由があることが判明したときは、違反を是正するために必要な限度で、遅滞なく、当該保有個人データの利用停止等を行わなければならない。ただし、当該保有個人データの利用停止等に多額の費用を要する場合その他の利用停止等を行うことが困難な場合であって、本人の権利利益を保護するため必要なこれに代わるべき措置をとるときは、この限りでない。

② 個人情報取扱事業者は、本人から、当該本人が識別される保有個人データが第二十八条第一項の規定に違反して第三者に提供されているという理由によって、当該保有個人データの第三者への提供の停止を求められた場合であって、その求めに理由があることが判明したときは、遅滞なく、当該保有個人データの第三者への提供を停止しなければならない。ただし、当該保有個人データの第三者への提供の停止に多額の費用を要する場合その他の第三者への提供を停止することが困難な場合であって、本人の権利利益を保護するため必要なこれに代わるべき措置をとるときは、この限りでない。

（理由の説明）

第三十三条　個人情報取扱事業者は、第二十九条第三項、第三十条第二項、第三十一条第二項又は前条第三項の規定により、本人から求められた措置の全部又は一部について、その措置をとらない旨を通知する場合又はその措置と異なる措置をとる旨を通知する場合は、本人に対し、その理由を説明するよう努めなければならない。

（開示等の求めに応じる手続）

第三十四条① 個人情報取扱事業者は、第二十九条第二項、第三十条第一項、第三十一条第一項又は第三十二条第一項若しくは第二項の規定に基づく求め（以下この条において「開示等の求め」という。）に関し、政令で定めるところにより、その求めを受け付ける方法を定めることができる。この場合において、本人は、当該方法に従って、開示等の求めを行わなければならない。

② 個人情報取扱事業者は、本人に対し、開示等の求めに関し、その対象となる保有個人データを特定するに足りる事項の提示を求めることができる。この場合において、個人情報取扱事業者は、本人が容易かつ的確に開示等の求めをすることができるよう、当該保有個人データの特定に資する情報の提供その他本人の利便を考慮した適切な措置をとらなければならない。

③ 開示等の求めは、政令で定めるところにより、代理人によってすることができる。

④ 個人情報取扱事業者は、前三項の規定に基づき開示等の求めに応じる手続を定めるに当たっては、本人に過重な負担を課するものとならないよう配慮しなければならない。

（手数料）

第三十五条① 個人情報取扱事業者は、第二十九条第二項の規定による利用目的の通知又は第三十条第一項の規定による開示を求められたときは、当該措置の実施に関し、手数料を徴収することができる。

② 個人情報取扱事業者は、前項の規定により手数料を徴収する場合は、実費を勘案して合理的であると認められる範囲内において、その手数料の額を定めなければならない。

（個人情報取扱事業者による苦情の処理）

第三十六条① 個人情報取扱事業者は、個人情報の取扱いに関する苦情の適切かつ迅速な処理に努めなければならない。

② 個人情報取扱事業者は、前項の目的を達成するために必要な体制の整備に努めなければならない。

（報告の徴収）

第三十七条 主務大臣は、この節の規定の施行に必要な限度において、個人情報取扱事業者に対し、個人情報の取扱いに関し報告をさせることができる。

（助言）

第三十八条 主務大臣は、この節の規定の施行に必要な限度において、個人情報取扱事業者に対し、個人情報の取扱いに関し必要な助言をすることができる。

（勧告及び命令）

第三十九条① 主務大臣は、個人情報取扱事業者が第二十一条から第二十三条まで、第二十五条から第三十二条まで又は第三十五条第二項の規定に違反した場合において個人の権利利益を保護するため必要があると認めるときは、当該個人情報取扱事業者に対し、当該違反行為の中止その他違反を是正するために必要な措置をとるべき旨を勧告することができる。

② 主務大臣は、前項の規定による勧告を受けた個人情報取扱事業者が正当な理由がなくてその勧告に係る措置をとらなかった場合において個人の重大な権利利益の侵害が切迫していると認めるときは、当該個人情報取扱事業者に対し、その勧告に係る措置をとるべきことを命ずることができる。

③ 主務大臣は、前二項の規定にかかわらず、個人情報取扱事業者が第二十一条、第二十二条、第二十五条から第二十七条まで又は第二十八条第一項の規定に違反した場合において個人の重大な権利利益を害する事実があるため緊急に措置をとる必要があると認めるときは、当該個人情報取扱事業者に対し、当該違反行為の中止その他違反を是正するために必要な措置をとるべきことを命ずることができる。

（配慮義務）

第四十条 主務大臣は、前三条の規定により個人情報取扱事業者に対し報告の徴収、助言、勧告又は命令を行う場合においては、表現の自由、学問の自由、信教の自由及び政治活動の自由を妨げることがないよう配慮しなければばならない。

（主務大臣）

第四十一条①　この節の規定における主務大臣は、次のとおりとする。ただし、内閣総理大臣は、この節の規定の円滑な実施のため必要があると認める場合は、個人情報取扱事業者が行う個人情報の取扱いのうち特定のものについて、特定の大臣又は国家公安委員会（以下「大臣等」という。）を主務大臣に指定することができる。

一　個人情報取扱事業者が行う個人情報の取扱いのうち雇用管理に関するものについては、厚生労働大臣（船員の雇用管理に関するものについては、国土交通大臣）及び当該個人情報取扱事業者が行う事業を所管する大臣等

二　個人情報取扱事業者が行う個人情報の取扱いのうち前号に掲げるもの以外のものについては、当該個人情報取扱事業者が行う事業を所管する大臣等

②　内閣総理大臣は、前項ただし書の規定により主務大臣を指定したときは、その旨を公示しなければならない。

③　各主務大臣は、この節の規定の施行に当たっては、相互に緊密に連絡し、及び協力しなければならない。

第二節　民間団体による個人情報の保護の推進

（認定）

第四十二条①　個人情報取扱事業者の個人情報の適正な取扱いの確保を目的として次の各号に掲げる業務を行おうとする法人（法人でない団体で代表者又は管理人の定めのあるものを含む。次条第三号ロにおいて同じ。）は、主務大臣の認定を受けることができる。

一　業務の対象となる個人情報取扱事業者（以下「対象事業者」という。）の個人情報の取扱いに関する第四十七条の規定による苦情の処理

二　個人情報の適正な取扱いの確保に寄与する事項についての対象事業者に対する情報の提供

三　前二号に掲げるもののほか、対象事業者の個人情報の適正な取扱いの確保に関し必要な業務

②　前項の認定を受けようとする者は、政令で定めるところにより、主務大臣に申請しなければならない。

③　主務大臣は、第一項の認定をしたときは、その旨を公示しなければならない。

（欠格条項）

第四十三条　次の各号のいずれかに該当する者は、前条第一項の認定を受けることができない。

一　この法律の規定により刑に処せられ、その執行を終わり、又は執行を受けることがなくなった日から二年を経過しない者

二　第五十三条第一項の規定により認定を取り消され、その取消しの日から二年を経過しない者

三　その業務を行う役員（法人でない団体で代表者又は管理人の定めのあるものの代表者又は管理人を含む。以下この条において同じ。）のうちに、次のいずれかに該当する者があるもの

イ　禁錮以上の刑に処せられ、又はこの法律の規定により刑に処せられ、その執行を終わり、又は執行を受けることがなくなった日から二年を経過しない者

ロ　第五十三条第一項の規定により認定を取り消された法人において、その取消しの日前三十日以内にその役員であった者でその取消しの日から二年を経過しない者

（認定の基準）

第四十四条　主務大臣は、第四十二条第一項の認定の申請が次の各号のいずれにも適合していると認めるときでなければ、その認定をしてはならない。

一　第四十二条第一項各号に掲げる業務を適正かつ確実に行うに必要な業務の実施の方法が定められているものであること。

二　第四十二条第一項各号に掲げる業務を適正かつ確実に行うに足りる知識及び能力並びに経理的基礎を有するものであること。

三　第四十二条第一項各号に掲げる業務以外の業務を行っている場合には、その業務を行うことによって同項各号に掲げる業務が不公正になるおそれがないものであること。

（廃止の届出）

第四十五条①　第四十二条第一項の認定を受けた者（以下「認定個人情報保護団体」という。）は、その認定に係る業務（以下「認定業務」という。）を廃止しようとするときは、政令で定めるところにより、あらかじめ、その旨を主務大臣に届け出なければならない。

②　主務大臣は、前項の規定による届出があったときは、その旨を公示しなければならない。

（対象事業者）

第四十六条①　認定個人情報保護団体は、当該認定個人情報保護団体の構成員である個人情報取扱事業者又は認定業務の対象となることについて同意を得た個人情報取扱事業者を対象事業者としなければならない。

②　認定個人情報保護団体は、対象事業者の氏名又は名称を公表しなければならない。

（苦情の処理）

第四十七条①　認定個人情報保護団体は、本人等から対象事業者の個人情報の取扱いに関する苦情について解決の申出があったときは、その相談に応じ、申出人に必要な助言をし、その苦情に係る事情を調査するとともに、当該対象事業者に対し、その苦情の内容を通知してその迅速な解決を求めなければならない。

②　認定個人情報保護団体は、前項の申出に係る苦情の解決について必要があると認めるときは、当該対象事業者に対し、文書若しくは口頭による説明を求め、又は資料の提出を求めることができる。

③　対象事業者は、認定個人情報保護団体から前項の規定による求めがあったときは、正当な理由がないのに、これを拒んではならない。

（個人情報保護指針）

第四十八条① 認定個人情報保護団体は、対象事業者の個人情報の適正な取扱いの確保のために、利用目的の特定、安全管理のための措置、本人の求めに応じる手続その他の事項に関し、この法律の規定の趣旨に沿った指針（以下「個人情報保護指針」という。）を作成し、公表するよう努めなければならない。

② 認定個人情報保護団体は、前項の規定により個人情報保護指針を公表したときは、対象事業者に対し、当該個人情報保護指針を遵守させるため必要な指導、勧告その他の措置をとるよう努めなければならない。

（目的外利用の禁止）

第四十九条 認定個人情報保護団体は、認定業務の実施に際して知り得た情報を認定業務の用に供する目的以外に利用してはならない。

（名称の使用制限）

第五十条 認定個人情報保護団体でない者は、認定個人情報保護団体という名称又はこれに紛らわしい名称を用いてはならない。

（報告の徴収）

第五十一条 主務大臣は、この節の規定の施行に必要な限度において、認定個人情報保護団体に対し、認定業務に関し報告をさせることができる。

（命令）

第五十二条 主務大臣は、この節の規定の施行に必要な限度において、認定個人情報保護団体に対し、認定業務の実施の方法の改善、個人情報保護指針の変更その他の必要な措置をとるべき旨を命ずることができる。

（認定の取消し）

第五十三条① 主務大臣は、認定個人情報保護団体が次の各号のいずれかに該当するときは、その認定を取り消すことができる。

一 第四十三条第一号又は第三号に該当するに至ったとき。

二 第四十四条各号のいずれかに適合しなくなったとき。

三 第四十九条の規定に違反したとき。

四 前条の命令に従わないとき。

五 不正の手段により第四十二条第一項の認定を受けたとき。

② 主務大臣は、前項の規定により認定を取り消したときは、その旨を公示しなければならない。

（主務大臣）

第五十四条① この節の規定における主務大臣は、次のとおりとする。ただし、内閣総理大臣は、この節の規定の円滑な実施のため必要があると認める場合は、第四十二条第一項の認定を受けようとする者のうち特定のものについて、特定の大臣等を主務大臣に指定することができる。

一 設立について許可又は認可を受けている認定個人情報保護団体（第四十二条第一項の認定を受けようとす

る者を含む。次号において同じ。）については、その設立の許可又は認可をした大臣等

二　前号に掲げるもの以外の認定個人情報保護団体については、当該認定個人情報保護団体の対象事業者が行う事業を所管する大臣等

②　内閣総理大臣は、前項ただし書の規定により主務大臣を指定したときは、その旨を公示しなければならない。

第六章　雑則

（適用除外）

第五十五条①　個人情報取扱事業者のうち次の各号に掲げる者については、前章の規定は適用しない。ただし、次の各号に掲げる者が、専ら当該各号に掲げる目的以外の目的で個人情報を取り扱う場合は、この限りでない。

一　放送機関、新聞社、通信社その他の報道機関　報道の用に供する目的

二　大学その他の学術研究を目的とする機関若しくは団体又はそれらに属する者　学術研究の用に供する目的

三　宗教団体　宗教活動（これに付随する活動を含む。）の用に供する目的

四　政治団体　政治活動（これに付随する活動を含む。）の用に供する目的

②　前項各号に掲げる個人情報取扱事業者は、個人データの安全管理のために必要かつ適切な措置、個人情報の取扱いに関する苦情の処理その他の個人情報の適正な取扱いを確保するために必要な措置を自ら講じ、かつ、当該措置の内容を公表するよう努めなければならない。

（地方公共団体が処理する事務）

第五十六条　この法律に規定する主務大臣の権限に属する事務は、政令で定めるところにより、地方公共団体の長その他の執行機関が行うこととすることができる。

（権限又は事務の委任）

第五十七条　この法律により主務大臣の権限又は事務に属する事項は、政令で定めるところにより、その所属の職員に委任することができる。

（施行の状況の公表）

第五十八条①　内閣総理大臣は、関係する行政機関（法律の規定に基づき内閣に置かれる機関（内閣府を除く。）及び内閣の所轄の下に置かれる機関、内閣府、宮内庁、内閣府設置法（平成十一年法律第八十九号）第四十九条第一項及び第二項に規定する機関並びに国家行政組織法（昭和二十三年法律第百二十号）第三条第二項に規定する機関をいう。次条において同じ。）の長に対し、この法律の施行の状況について報告を求めることができる。

②　内閣総理大臣は、毎年度、前項の報告を取りまとめ、その概要を公表するものとする。

（連絡及び協力）

第五十九条　内閣総理大臣及びこの法律の施行に関係する行政機関の長は、相互に緊密に連絡し、及び協力しなければならない。

（政令への委任）

第六十条　この法律に定めるもののほか、この法律の実施のため必要な事項は、政令で定める。

第七章　罰則

第六十一条　第三十九条第二項又は第三項の規定による命令に違反した者は、六月以下の懲役又は三十万円以下の罰金に処する。

第六十二条　第三十七条又は第五十一条の規定による報告をせず、又は虚偽の報告をした者は、三十万円以下の罰金に処する。

第六十三条①　法人（法人でない団体で代表者又は管理人の定めのあるものを含む。以下この項において同じ。）の代表者又は法人若しくは人の代理人、使用人その他の従業者が、その法人又は人の業務に関して、前二条の違反行為をしたときは、行為者を罰するほか、その法人又は人に対しても、各本条の罰金刑を科する。

②　法人でない団体について前項の規定の適用がある場合には、その代表者又は管理人が、その訴訟行為につき法人でない団体を代表するほか、法人を被告人又は被疑者とする場合の刑事訴訟に関する法律の規定を準用する。

第六十四条　次の各号のいずれかに該当する者は、十万円以下の過料に処する。

一　第四十五条第一項の規定による届出をせず、又は虚偽の届出をした者

二　第五十条の規定に違反した者

附　則

（施行期日）

第一条　この法律は、公布の日から施行する。ただし、第五章から第七章まで及び附則第二条から第六条までの規定は、公布の日から起算して二年を超えない範囲内において政令で定める日から施行する。

（本人の同意に関する経過措置）

第二条　この法律の施行前になされた本人の個人情報の取扱いに関する同意がある場合において、その同意が第十条第一項の規定により特定される利用目的以外の目的で個人情報を取り扱うことを認める旨の同意に相当するものであるときは、第二十一条第一項又は第二項の同意があったものとみなす。

第三条　この法律の施行前になされた本人の個人情報の取扱いに関する同意がある場合において、その同意が第二十八条第一項の規定による個人データの第三者への提供を認める旨の同意に相当するものであるときは、同項の同意があったものとみなす。

（通知に関する経過措置）

第四条　第二十八条第二項の規定により本人に通知し、又は本人が容易に知り得る状態に置かなければならない事項に相当する事項について、この法律の施行前に、本人に通知されているときは、当該通知は、同項の規定により行われたものとみなす。

第五条　第二十八条第四項第三号の規定により本人に通知し、又は本人が容易に知り得る状態に置かなければなら

ない事項に相当する事項について、この法律の施行前に、本人に通知されているときは、当該通知は、同号の規定により行われたものとみなす。

（名称の使用制限に関する経過措置）

第六条　この法律の施行の際現に認定個人情報保護団体という名称又はこれに紛らわしい名称を用いている者については、第五十条の規定は、同条の規定の施行後六月間は、適用しない。

（法制上の措置）

第七条　政府は、この法律の公布後一年を目途として、第十一条第一項及び第二項に規定する法制上の措置を講ずるものとする。

（内閣府設置法の一部改正）

第八条　内閣府設置法の一部を次のように改正する。

第四条第三項中第六十一号を第六十二号とし、第三十九号から第六十号までを一号ずつ繰り下げ、第三十八号の次に次の一号を加える。

三十九　個人情報の保護に関する基本方針（個人情報の保護に関する法律（平成十三年法律第　　　号）第十二条第一項に規定するものをいう。）の作成及び推進に関すること。第十一条中「第三項第六十号」を「第三項第六十一号」に改める。

第三十八条第一項第一号中「並びに市民活動の促進」を「、市民活動の促進並びに個人情報の適正な取扱いの確保」に改め、同項第三号中「（昭和四十八年法律第百二十一号）」の下に「及び個人情報の保護に関する法律」を加える。

附則第一条ただし書中「第四条第三項第五十三号」を「第四条第三項第五十四号」に改める。

理　由

高度情報通信社会の進展に伴い個人情報の利用が著しく拡大していることにかんがみ、個人情報の有用性に配慮しつつ、個人の権利利益を保護するため、個人情報の適正な取扱いに関し、基本原則及び政府による基本方針の作成その他の個人情報の保護に関する施策の基本となる事項を定め、国及び地方公共団体の責務等を明らかにするとともに、個人情報を取り扱う事業者の遵守すべき義務等を定める必要がある。これが、この法律案を提出する理由である。

あとがきにかえて

「自由の檻」に目覚めて

小倉 利丸

九月一一日に起きたニューヨークの世界貿易センタービル、国防総省などへの「同時テロ」から一週間がたち、米軍による報復戦争を目前に控えて日々急激に状況が変化するなかでこのあとがきを書いている。この変化の大きさに戸惑い、翻弄されながら、しかし最悪の「報復戦争」の連鎖をなんとしても阻止するために、私たちに何ができるか、こんなことは、本書の企画段階では全く考えもしていなかった。しかし、この新しい事態の中で、私たちを取り巻いている「監視社会」は、ますますその危険な性格を露わにしはじめているように思う。そこで、このあとがきでは、日本の社会のみならず、監視社会を生み出してきた制度の大きな背景を論じながら、この危機的な現実を見据えておきたいと思う。

監視社会を生み出す根源にあるもの

監視社会は今に始まったことではない。むしろいかなる社会であれ、人々の行動を相互に注視し、把握する何らかの仕組みは存在する。伝統的な社会では、家族や地域の共同体がこうした相互監視のための中心的な組織でもあった。近代社会も家族や地域の伝統的な結び付きを巧みに利用して成り立っているから、たとえば、戦時中の日本が隣組制度によって相互監視を行ったように、あるいはオウム真理教の信者の居住が地域ぐるみで監視されたように、伝統的な監視の方法は現在でも形を変えて存在する。

しかし、近代社会はこうした地縁、血縁に頼った監視ではとうてい追い付けないやっかいないくつかの基本条件を持っている。つまり、第一に、膨大な人口を抱えた国民国家が政治的な統治の単位であること、第二に、近代の社会は、職業、居住の自由を保障した結果、組織や地域を頻繁に移動する多くの人々を抱え込むことになったということ、第三に、国民主権と民主主義が定着したこと、第四に、福祉、社会保障制度が発達したこと、である。

万単位、億単位の人口を地縁、血縁だけで管理することが不可能なことは、説明の必要がないだろう。近代国家はこうした膨大な人々を地縁、血縁に頼らないべつの仕組みで把握する必要がある。しかも、資本主義の市場経済は、景気などに応じて自由に労働者を雇ったり首にしたり、ある職業から別の職業に移動させることを必要条件とする。労働者はこれに応じて、居住地を変え、勤め先を変え、したがって人間関係も変わっていく。こうした人々の変化する居住地や職業を把握できないと、政府は自国経済の状況を把握できず、したがって経済政策もたてられないということになる。

民主主義、福祉社会の裏面としての監視社会化

そして、国民主権と民主主義は、膨大な人口の中の主権者が誰なのか、誰がどのような権利と義務を負うのかをはっきりと決めるための仕組みを必要にした。有権者としての権利を行使できる人かどうかを、国籍や年齢、居住地で把握しなければ、権利行使の主体を正確に確定することができない。しかも、一九世紀から二〇世紀にかけて財産や性別による制限が次々に取り払われ普通選挙が制度として定着するにつれて、把握されなければならない有権者はほぼ国民全体に及ぶことになった。この国民主権がもたらしたもう一つの重要な特徴は、軍事的な義務もまた主権者である国民が負うことになったために、徴兵制度など軍事的な必要から国民を把握する必要がでてきた、ということである。こうして、国民主権が定着し、その規模が格段に拡大されるにしたがって戦争は総力戦となり、戦争行為は常に国民全体をターゲットとする殲滅戦の様相を呈することになった。

福祉や社会保障は、大衆的な民主主義において、政府が支持を得るための重要な政策になる。同時に、生存権の補償の対象としての国民というまとまりを繰り返し生み出し、地縁、血縁の伝統に頼らない労働力の育成のために、教育の制度を整備しなければならなかったわけである。自治体が就学年齢の子供の親に通知を出す当たり前のように考えられている教育サービスのためには、自治体はあらかじめ、住民の家族状況を把握していなければならない。そして、失業者も高齢者も平等に一票を行使できるわけだから、失業が増えれば失業者の利害を反映した政策が必要になる。こう

して、政府は国民の所得や生活状況を把握し、だれに所得、医療などの保障を与えなければならないかを把握できなければ大衆民主主義の中で、権力の正統性を維持できない、ということにもなる。こうした枠組みは二〇世紀の始めにできあがり、さらに戦争による総動員体制は、兵力となる人員だけでなく、生産や後方支援なども含めて国民を動員するための人口や基礎的な情報を把握し統制する仕組みを急速に普及させた。

いままであえて「国民」という言葉をつかったが、これは意図してのことである。いいかえれば、「国民」という分類は、同時にこの分類から排除される人たちを想定することになる。主権者という言葉も同様である。移民として外国から移住してきた人たちが、国民や主権者ではない人々その主要な部分を構成してきた。移民は資本主義が労働力を確保する上で欠かせない人たちであるにもかかわらず、市民的な権利を奪われると同時に、「国民」とはまったく異なる方法で政府はその実態を把握しようとしてきた。監視社会としての近代社会を論じる場合、この区別は決して忘れてはならない。したがって、「国民」や「主権者」という言葉にはつねにそこから排除される人々が存在するのだ、ということを念頭に置いた上でないと利用できないのである。

しかし、近代社会はこうした個人の情報を把握される窮屈な社会だというだけではない。逆に人々はある種の「自由」を得てきた。最も大きな自由は、市場の自由と呼ばれるものである。私たちは、買い物でお金を払うときに、自分の名前や住所を売り手に教える必要はない。まったく匿名での買い物ができる。この匿名での売買がじつは近代の資本主義を支えてきた重要な機能だった。この市場の匿名性が同時に人々の市場での自由を保障し、売り手と買い手の対等な関係を支えていた。こうした市場の自由は、市場経済に本質的なことというよりは、不特定多数との売買について個人情報を把握できるような仕組みが作れなかったからなのだ。企業間の信用取引は逆にさまざまな取引情報を前提として行われていたが、これを消費者にまで拡げることは、コンピュータの処理能力の高度化が実現したつい最近になってからのことだ。

画一的管理社会から多様性をふまえた監視社会へ

古代の大帝国から二〇世紀半ばまで、国家による人民の統治に必要なさまざまなデータはすべて紙とペンで計算され、記録されてきた。だから、なるべく計算を合理化し、処理を容易にするために、具体的な事実を数字に置き換えて処理する仕組みが考案されてきたわけだ。近代国家が「統計」という手法を発達させたのも、簿記によって経済取引を数量化して記録するのも、そしてまた政治的な意思決定を投票によって数量化するのも、すべて情報処理能力が紙とペンに頼らざるを得ないという技術的な限界と関連していた。しかし、このことに気づいているひとは必ずしも多くはなかった。資本主義を「自由社会」と言い換えてみたり、「市場の自由」を文字通りの「自由」へとつながる唯一の手がかりだという誤解が今でも支配的だ。しかし、右に説明したように、近代の社会は、流動化する人口の動向を把握し、国民に権利を与える一方で義務を課し、こうした権利義務関係から排除された人たちを別の方法で把握しようとする意思をはっきり持っているのである。

たとえば、二〇世紀がマスメディアと広告・宣伝の世紀といわれるように、大量の情報を不特定多数に散布するシステムが登場し、普及した。個人の動向を地縁、血縁で把握できない近代社会はマスメディアによる情報の画一化、広告・宣伝による消費者欲望や愛国心の画一的な喚起という方法で、多様性を押さえ付けて管理する方法が一時期主流になった。アドルノやマルクーゼといった二〇世紀なかばの「管理社会」批判の急先鋒だった人たちが主としてやり玉にあげたのは、こうした画一化による管理への批判だった。

本稿の各寄稿者の文章からもわかるように、現在の管理社会とはこうした画一化ではなく、多様性や個性を承認したうえで、これをまるごと把握してしまおうというものだ。コンピュータによる情報処理技術の発達は、科学の進歩の必然なのではなく、近代資本主義社会や工業化を経た国民国家が内在的に必要としている人口管理に即して展開されてきたものなのだ。皮肉なことだが、福祉、社会保障、民主主義の手続が充実し、私生活に対する公的な保障が認められれば認められるほど、市民の権利がますます保障されるようになればなるほど、それに応じた市民の動向の詳細を政府は必要とすることになる。他方で、企業も同様の傾向を持たざるを得ないのだ。

人間を扱いかねている社会

そもそも近代資本主義は人間を扱うのが非常に苦手である。このことは、スピードアップや正確な予測可能性に価値を置くこの社会のあり方と深く関わっている。一〇〇〇万円の資金を一年かけて倍にするよりは、明日倍にする方が得になると考える社会と、春に蒔いた種は秋にしか収穫できない社会とでは、スピードに置かれる価値観に決定的な違いがある。機械のように予想された結果を正確に達成できる装置と、自然環境に多くを依存して多くの不確定な条件を抱えた仕組みとの間にも大きな違いがある。人間という存在は、どちらかというと機械と比べてスピードに限界があり、すべての行動を機械のように厳格にコントロールすることのできない存在だ。近代以降の社会は、この人間というやっかいな存在をなんとかして手なずけ、管理する方法をさまざまに工夫せざるを得ず、機械化をすすめ省力化を好むと同時に、さしあたり画一化して数量化して処理するという管理社会的な発想を発達させてきた。ここ十年ほどのコンピュータ化は、この長いトレンドの延長線上にあり、この画一化と数量化という方法を更に押し進めて、固有名詞をもつ個人をまるごとデータ化するほどの処理能力を達成できるようになった。

この情報化の技術的水準を前提として、企業は消費者の個人的な嗜好やライフスタイルを把握する必要に迫られる。企業は、消費者のニーズに的確に対応し、より満足の得られる商品を市場に供給し、市場の競争に打ち勝とうとする。こうした買い手のニーズをめぐる競争がますます歯止めなく展開されるようになればなるほど、消費者は私生活の詳細を企業にさらすことになる。福祉社会になればなるほど行政は個人情報をため込んだことになる。皮肉なことだが、このような個人をモニタリングするシステムは、近代社会が追求した自由の代償であり、結果として自由それ自体を窒息させてきたのだ。しかし、最大の問題は、じわじわと狭められる自由に気づかず、私たちは常に以前よりもより自由な社会にいるかのような感覚に捕らわれてしまっていることにある。

檻の中の自由

たしかに、ある意味では自由度は大きくなっている。この自由は多くの場合「便利」と言い換えられる自由である。インターネットを通じてより自由により多様な商品を選択できるし、クレジットカードも十年前に比べればずっと利用範囲が拡がり、交通網が充実して道路も空路も便利さが増し、マスメディアも地上波から衛星、ケーブルなどへと多様になり、より自由に情報を選択できるようになった。

しかし、この便利さと言い換え可能な自由は、本書で指摘されているように、目に見えない多くのより重要な自由を犠牲にしているのだ。行政が保有する人々の住所、所得、家族関係、クレジット会社や銀行が保有する職業、私的な人間関係、購買履歴、路上の監視カメラによって警察が盗撮する個人の動き、空港でチェックされるパスポートから把握される渡航記録など、これら従来から整備されてきた個人の行動記録がさらに、ＩＣカードやバイオメトリックスの開発で、個人の動向をより微にいり細にいり探る方向に進んでいる。こうした監視は、私たちがこの社会のなかで、この社会の指図するいかなる不合理な要求にも逆らうことなく従順に生活している限りは多分まったく気づくことはないだろうし、どうでもよいこと、自分の自由を阻害することのない、むしろ「便利」なものと感じるに違いない。

たとえば、動物園の檻に閉じ込められた動物たちが檻の存在に気ずかず、気ずいたとしてもそれは外部から自分達の自由を守る砦であると信じて疑わないと感じているとしよう。他方で、動物園を訪れる人間たちは、動物とはまったく異なることをこの檻に感じている。檻は、動物から人間を守るための設備であり、動物は人間に監視され生かされている不自由な存在だと考えている。もちろん、ここでは人間の方が動物園のシステムをより正しく理解しているのだが、このたとえ話を現実の人間社会にあてはめた場合には、むしろ多くの私たちはこの動物園の檻の中の動物と変わらない立場に置かれているということになる。檻の外では私たちの動静をじっと監視するたくさんの眼がある。この私たちを取り巻く「檻」は私たちの「自由」を保障し、自由を守る「砦」であり、「砦」の外には自由はないと信じ込まされている。この自由が実は極めて限られたものであることは、私たちが、監視者にとって不穏な動きだとみなされるような行動をとれば、とたんに私たちの自由が奪われることで自覚させられる。砦／檻の外に出る「自由」はまず認められないだろう。こうした欲望を持つこと自体が道徳的に非難されたり、違法だと繰り返し教育されるとすれば、人々は檻の中の自由を真の自由だという信念をいだき、この与えられた自由を道徳的、倫理的に内面化するようになるだろう。そしてこの内面化された監視の眼差しに気ずいたとたん、檻の外からじっと私たちを監視しているその眼のなかにまぎれもなく自分の眼を見いだすことになるだろう。地縁、血縁を基礎とした隣組やコミュニティのなかの相互監視が希薄になっても、それにとってかわって自分自身の内面にこの監視の眼を住まわせ、こうして自らが周囲を監視する側に立っていることに気づくことがあるはずだ。

動物園のたとえ話は、こうなるともはや不適切だ。動物と大きく違うのは、この檻とも砦ともつかぬ存在は容易には目に見えず、手に触れることもできないだけでなく、私たちの多くは率先して自らこの「砦」を作り、自らこの「砦」に入って自分で自分を監視し、他者を監視しているからである。これが「監視社会」を正当化する土台にある。だからまず私たちは、この檻に中の自由に気づくことが必要なのだ。

私たちは、こうした監視にさらされ、檻に守られなければ自らの自由を得ることもできないのだろうか。はたしてそれは私たちに文字通りの自由を保障するものなのだろうか。豊かな生活は、いくつかある選択肢から一つを選ぶ自由によって本当に達成できるだろうか。職業選択の自由は、失業を生み出すシステムを放置して最低限の生活すらままならない金銭的な保障によって本当に保障されたといえるのだろうか。民族的な差別を放置し、きちんとした職業に就く機会を奪ったあげくに、移民を犯罪者扱いして監視することが、自由とどのように両立するのだろうか。あらゆる摩擦や対立や諍いを解決する努力に精力を注ぐことなく、これらを自由を脅かすものであり、警察や軍隊が動員されなければ解決できないと主張する政府は、本当に自らの責任を果たしているのだろうか。

ＩＴ革命のなかで民間も政府もこうした根元的な問いをそっちのけにして、監視をある種のビジネスチャンスにしているだ。監視ビジネスはこぞって、不正行為をする社員（といっても、勤務時間に、ちょっとした私的なメールを送ったりする程度のことなのだ）を徹底的に追い詰める技術を売り物とし、医療産業は、指紋からＤＮＡまで生体による本人認証がいかになりすましに有効かとか、遠隔地医療でいかに寝たきりのお年寄りをケアできるか（監視するだけで医療行為は不可能なので、単なる僻地医療の省力化でありサービスの明らかな低下なのだが）を競って売り込んでいる。警察はＩＴによっていかに効率的に治安維持が可能かを財務省に売り込みむというわけだ。しかしこれらは見掛けの新しさとは裏腹に、実態は、企業や政府省庁がみずからの利権をＩＴをキーワードに漁っているのであって、これらが、的確、有効に私たちの安全を確実にしたことなど一度もなく、逆にこれらの監視の技術の犠牲になるのは私たちなのだ。

こうして、政府、民間を問わず、ＩＴ革命が監視社会に動員される様相は、かつての上から強制的に統合し、画一的な統治をすすめる古典的な全体主義とはことなって、ネットワークを駆使し、多様性をふまえたうえで、いままでは踏み込めなかった個人の私生活や行動の微細な部分までが監視対象になるようなあらたな全体主義のシステム、いわばＩＴ全体主義とでも言いうるような制度を生み出しつつあるといってよいだろう。

戦争と監視社会に対抗するために

そして今、この監視社会に新しい要素が加わりつつある。言うまでもなく、九月一一日以降の状況である。この政府と民間が押し進めてきた監視社会の動きが急速に軍事的な領域とはっきりと結びついてきた。エシュロンや警察の盗聴捜査のように、軍事、安全保障と密接に結つく問題が、市民生活を網の目のように覆うその他の市民生活監視のシステムと次々に連動し、リンクされるようになるだろう。二〇世紀の戦争が、軍隊同士の戦争であるだけでなく、非戦闘員を巻き込むことが当たり前になったのは、第一次世界大戦以降、戦争が常に総動員体制をとってきたことと不可分である。戦争の犠牲は際限がなくなり、攻撃対象も無制限になる。「制限のない正義」というブッシュのスローガンがいかに残酷なものかは、あまりにもはっきりしている。であるから、戦争という紛争解決の手段は絶対に回避されなければならないのだ。しかし、むしろ日本の政局もマスメディアも、国際的な状況も、これと正反対の方向に突っ走っている。こうなると、監視は人々の檻の中の自由すら与えることを好まなくなり、ますます檻を強固にし始めるだろう。本書のそれぞれの記述を、今現在の戦争に直結しかねない危機的な状況をふまえて読み、政府がこうした監視の技術をどのように駆使しようとも、それは戦争を回避し、あらたな有効な紛争解決の手段に結つくものではないこと、逆に戦争に反対し市民的な自由と平和を要求する人たちを監視し、その活動を抑圧する道具にしかならないことをはっきりと理解する必要があると思う。

本書は、寄稿者だけでなく、反監視ネットワークに参加する各団体のみなさんの協力によって実現できた。いちいちお名前を挙げないが、ここに記して謝意としたい。

（二〇〇一年九月二〇日）

執筆者紹介

斎藤貴男（さいとうたかお）
ジャーナリスト。新聞記者などを経て、フリーに。著書に『プライバシー・クライシス』、『精神の瓦礫』、『機会不平等』、『経済小説がおもしろい』など。『現代』2001年5月号に「国民を監視する総務省という名の『内務省』」を掲載。

山下幸夫（やましたゆきお）　http://homepage1.nifty.com/nik/
1962年香川県生れ。東京弁護士会刑事法対策特別委員会副委員長。盗聴法や団体規制法等の問題に関心を持ち、反対運動に関わってきた。
著書に、『最前線インターネット法律問題Q&A集』（情報管理）現代人文社編集部編『盗聴法がやってくる』、同『盗聴法がやってきた』（いずれも共著）、澤有編著『警察がインターネットを制圧する日』（共著）などがある。

小倉利丸（おぐらとしまる）　ogr@nsknet.or.jp
ネットワーク反監視プロジェクト
盗聴法の立法段階から盗聴法反対運動に取り組む。また、インターネットにおける検閲、表現の自由の問題、政府などによる監視システムをチェックするオンラインの団体、ネットワーク反監視プロジェクト(NaST)のメンバー。通信NGOのJCA-NET理事、CivilSociety Internet Forum(CSIF)のメンバー。

白石孝（しらいしたかし）　shiratlk@jcom.home.ne.jp
1975年、自治体でのコンピュータ問題に取り組み、以降、住民背番号制度、国勢調査、自治体での個人情報保護制度、個人情報保護法、納税者番号制度そして住民基本台帳ネットワークシステムの全国的な運動を進める。
　代表および事務局を担当するのは、コンピュータ合理化研究会（1978年から『反コンピュータ通信』発行）、プライバシー・アクション（1988年設立、個人情報保護法の国会審議に向けての運動の過程で発足）、国勢調査の見直しを求める会（1970年代半ばから活動、1980年以降、運営を担当するhttp://www.ringo.sakura.ne.jp/~kokusei/ 。）また、韓国における住民登録カードのIC化（電子住民カード）および指紋押捺制度に関しての市民運動を日本に紹介した。

浜嶋望（はましまのぞみ）
一矢の会代表
1932年生まれ。60年代に労働運動に加わり、特に当時「交通戦争」といわれる状況の中で、トラック運転の現場から「道路交通問題」に取り組む。
74年から、「道路交通民主化の会」運営委員として、主に「交通行政」の民主化を要求する活動に20年間携わる。
そのような中で、「Nシステム」問題に取り組むことになって10数年。５年前から「一矢の会」を結成して「Nシステム体制」批判の実践部隊としての活動をつづけている。これまでは、Nシステム路上端末の現地調査や「Nシステム訴訟」（損害賠償請求）の支援、各界各方面への「Nシステムの実態」情報発信を中心にやってきた。
著書に『電子検問システムを暴く警察がひた隠す』（技術と人間）、『警察の盗撮・監視術日本的管理国家と技術 』（技術と人間）など。

村木一郎（むらきいちろう）
1957年東京都生まれ。埼玉弁護士会所属。日弁連刑事弁護センター委員。刑事弁護に情熱を持ち続け、日々、警察署や拘置所を走り回っている。また、黙秘権の確立を目指す「ミランダの会」の創設にかかわる。
　著書に、高山俊吉編著『道路交通法速度違反事件の手引・上下』（青峰社、共著）、今井亮一著『交通取締まりに「ＮＯ」と言える本』（恒友出版、監修）などがある。

粥川準二（かゆかわじゅんじ）　http://www.jca.apc.org/~kayukawa/
ジャーナリスト
1969年生まれ、愛知県出身。編集者を経てフリーのジャーナリストに。著書に『ヒト＝バイオ資源論（仮題）』（宝島社新書）がある。DNA問題研究会会員。
所属団体の紹介（Ｄ問研の紹介）
1980年代初頭に設立。クローン、ヒトゲノム解析、遺伝子治療、遺伝子組み換え食品など生命操作の問題を市民の立場から考え、問題提起してきた市民グループ。
最近の仕事として、月刊誌『JN（実業の日本）』最新号に、斎藤貴男へのインタビューとバイオ技術についての解説記事を掲載。『月刊TRIGGER』にて、「バイオの世紀」」連載中。

佐藤文明（さとうぶんめい）
フリーランス・ライター、戸籍制度研究者
1948年7月、東京・日野に生まれる。自治体労働者（東京都職員—新宿区役所戸籍係）を経てフリーに。法・社会問題の著書多数。1981年の『戸籍』（現代書館）はベストセラー。「やぶれっ！住民基本台帳ネットワーク市民行動」などで活動しつつ、社会派ライターとして、問題提起をつづけている。

反監視ネットワーク　http://www.han-kanshi.net/
　盗聴法、住基法、Ｎシステム、個人情報保護法案などへの反対運動に取り組む、市民運動団体、個人のゆるやかなネットワーク。

監視社会とプライバシー

2001年10月15日　第1刷発行

編　者　小倉利丸
発行人　深田　卓
装幀者　藤原邦久
発　行　(株) インパクト出版会
東京都文京区本郷2-5-11服部ビル
03-3818-7576　FAX03-3818-8676
impact@jca.apc.org　http://www.jca.apc.org/˜impact/
郵便振替　00110-9-83148

モリモト印刷

インパクト出版会の本

『オウムに死刑を』にどう応えるか——年報・死刑廃止96

年報死刑廃止編集委員会編

1990年から95年の重要論文・資料を網羅した死刑廃止を願う人の必携誌。「オウムに死刑を」といったスローガンが公然と語られる時代風潮とその恐ろしさ、その中で繰り返される「凶悪」ということ、そして彼らを死刑にしないと被害者は癒されないという常套句に隠され、切り捨てられる問題点や、現実の死刑判決がどのような基準の下に言い渡されているかについて、様々な角度から考える。

A5判並製338頁　2000円＋税　ISBN4-7554-0055-4

「日の丸・君が代」じかけの天皇制

天野恵一著

「御懐妊」カラ騒ぎ、女帝待望論、宮内庁vsメディアのデキレース、皇室外交という政治、「日の丸・君が代」右翼、憲法論議など、マスメディアは「平成」天皇制をどのように描いてきたか？　日刊誌から女性週刊誌まで、嘘しか書かないマスコミを徹底批判する、天野恵一の天皇制ウォッチング、93〜01年版！

A5判上製382頁　3500円＋税　ISBN4-7554-0108-9

グローバル化と女性への暴力——市場から戦場まで

松井やより著

経済のグローバル化が世界中を覆いつくし、貧富の格差を拡げ、生命さえ脅かしている今、最も犠牲を強いられているのは「女性」である。その実態を明らかにし、各国地域の女性たちとともに歩み続けるジャーナリスト松井やよりの最新刊。PPブックス第４弾。

四六判並製342頁　2200円＋税　ISBN4-7554-0103-8

台湾／日本—連鎖するコロニアリズム

森宣雄著

歴史をパロディ化＝戯画化する小林よしのり『台湾論』、それを支える金美齢・李登輝らの「日本精神」（リップンチェンシン）論、そして台湾を黙殺する戦後左翼と〈進歩的知識人〉…日本／台湾一〇〇年の悲劇の折り重なりに奥深く分け入り、いま連鎖するコロニアリズム＝植民地主義を解体にみちびく気鋭の若手台湾研究者による現代史叙述の解放の実践！

四六判上製268頁　2200円＋税　ISBN4-7554-0111-9